essentials

essentials liefern aktuelles Wissen in konzentrierter Form. Die Essenz dessen, worauf es als „State-of-the-Art" in der gegenwärtigen Fachdiskussion oder in der Praxis ankommt. *essentials* informieren schnell, unkompliziert und verständlich

- als Einführung in ein aktuelles Thema aus Ihrem Fachgebiet
- als Einstieg in ein für Sie noch unbekanntes Themenfeld
- als Einblick, um zum Thema mitreden zu können

Die Bücher in elektronischer und gedruckter Form bringen das Expertenwissen von Springer-Fachautoren kompakt zur Darstellung. Sie sind besonders für die Nutzung als eBook auf Tablet-PCs, eBook-Readern und Smartphones geeignet. *essentials:* Wissensbausteine aus den Wirtschafts-, Sozial- und Geisteswissenschaften, aus Technik und Naturwissenschaften sowie aus Medizin, Psychologie und Gesundheitsberufen. Von renommierten Autoren aller Springer-Verlagsmarken.

Weitere Bände in der Reihe http://www.springer.com/series/13088

Miriam Landes · Eberhard Steiner ·
Ralf Wittmann · Tatjana Utz

Führung von Mitarbeitenden im Home Office

Umgang mit dem Heimarbeitsplatz
aus psychologischer und
ökonomischer Perspektive

Miriam Landes
Institut für Unternehmenssteuerung
und Veränderungsmanagement
München, Deutschland

Eberhard Steiner
Institut für Unternehmenssteuerung
und Veränderungsmanagement
München, Deutschland

Ralf Wittmann
P3consult
Waldbronn, Deutschland

Tatjana Utz
Resilienz-Training
München, Deutschland

ISSN 2197-6708   ISSN 2197-6716   (electronic)
essentials
ISBN 978-3-658-30052-4   ISBN 978-3-658-30053-1   (eBook)
https://doi.org/10.1007/978-3-658-30053-1

Die Deutsche Nationalbibliothek verzeichnet diese Publikation in der Deutschen Nationalbibliografie; detaillierte bibliografische Daten sind im Internet über http://dnb.d-nb.de abrufbar.

Planung/Lektorat: Christine Sheppard
Springer Gabler ist ein Imprint der eingetragenen Gesellschaft Springer Fachmedien Wiesbaden GmbH und ist ein Teil von Springer Nature.
Die Anschrift der Gesellschaft ist: Abraham-Lincoln-Str. 46, 65189 Wiesbaden, Germany

Was Sie in diesem *essential* finden können

Heimarbeitsplätze (Home Office) sind in vielen Unternehmen umgesetzt oder in der Planung. Sogar Überlegungen zu einem gesetzlichen Anspruch auf Home Office werden diskutiert. Die Generationen Y und Z stellen neue Anforderungen an ihre (zukünftigen) Arbeitgeber hinsichtlich Flexibilität und ortsungebundenes Arbeiten. Meist fehlt in den Unternehmen noch ein umfassendes Konzept dafür, das motivationale und führungsbezogene Aspekte berücksichtigt, um überhaupt eine Strategie für die Einführung von Home Office im Unternehmen zu entwickeln.

Dieses *essential* thematisiert all diese relevanten Aspekte:

- Für welche Mitarbeitenden ist Home Office geeignet?
- Wie funktionieren Motivation, Führung und Kontrolle im Home Office?
- Wie kann eine Home Office-Strategie aussehen, die die praktische Umsetzung und Gesichtspunkte der Gerechtigkeit berücksichtigt?
- Wie kann eine Führungskraft auf die Führung von Mitarbeitenden im Home Office vorbereitet werden (Führung aus der Distanz)?
- Wie können neue Mitarbeitende trotz Home Office in ein Team eingebunden werden (onboarding)?
- Wie können Mitarbeitende unterstützt und geschult werden, die von Zuhause aus arbeiten?
- Wie kann einer Überforderung von Mitarbeitenden entgegengewirkt werden?

Auf diese Fragen gibt das Buch Antworten, spricht Empfehlungen aus und gibt Einblick in best practices.

Inhaltsverzeichnis

Zukunftstrends

1

1.1 Führung auf Distanz

Die Megatrends Digitalisierung und Globalisierung (zukunftsInstitut 2019) stellen neue Anforderungen an Führungsmodelle und bedingen neue Konzepte von Arbeit, die Fragen z. B. nach der Möglichkeit von Heimarbeit, flexiblen Arbeitsmodellen, Führung auf Distanz oder geteilter Führung aufwerfen.

Führungskräfte stehen damit vor neuen Herausforderungen. Es eröffnet sich ein Spannungsfeld von Kontrolle und Vertrauen, Nähe und Distanz sowie Integration und Loslassen. Der Management-Vordenker und Führungsforscher Peter Kruse postuliert in einem Video-Beitrag (Kruse 2007), dass die Aufgaben der „Old School" der Führung weiterhin Bestand haben: Führungskräfte müssen Stabilität managen, Bestehendes optimieren, organisieren und steuern, Zielvereinbarungen aushandeln und Controlling betreiben. Daneben stehen Anforderungen der „New School" der Führung: Dynamik und Veränderung managen, Sinn stiften, Intelligenz anderer moderieren sowie Innovationen ermöglichen und vorantreiben. Zentrale Fähigkeiten der Manager von morgen sind demnach organisieren, coachen, Faszination erzeugen und Vernetzung fördern.

Führungskräfte müssen Gestalter von Unternehmenskulturen, Coach, Moderator, Förderer sein und als Vorbild, Feedbackgeber und Ansprechpartner für Mitarbeitende, die sie vor Ort, virtuell oder im Home Office führen, präsent sein.

Einen möglichen Lösungsansatz für die komplexe Aufgabenvielfalt liefert ein neueres Modell der Führung, das die Ermöglichung der Selbstführung in den Fokus stellt (Landes et al. 2012). Dem Ansatz des „Super Leadership" von Manz und Sims (2001) liegt die Prämisse zugrunde, dass jeder, der

© Springer Fachmedien Wiesbaden GmbH, ein Teil von Springer Nature 2020
M. Landes et al., *Führung von Mitarbeitenden im Home Office,* essentials,
https://doi.org/10.1007/978-3-658-30053-1_1

Mitarbeitende führt, diese dazu befähigen muss, eigenverantwortlich, selbstständig und ergebnisorientiert zu arbeiten, sich selbst zu motivieren und selbst zu führen (Stock-Homburg 2010, S. 538). Durch diese Förderung und Unterstützung werden die Mitarbeitenden generell zu Führungskräften, da sie sich selbst führen (Self-Leaders). Vorgesetzte werden entlastet, da sich die Mitarbeitenden mit ihren Aufgaben identifizieren können. Im Gegensatz zu anderen klassischen Führungstheorien wird keine Einflussnahme auf das Verhalten der Mitarbeitenden postuliert, sondern es soll durch Anwendung der Leitlinien die zielorientierte Selbststeuerung der Mitarbeitenden herbeigeführt werden (Stock-Homburg 2010, S. 538). Ein Super Leader versucht, Strategien des Self-Leadership bei den Mitarbeitenden zu verstärken und diese in die Lage zu versetzen, sich selbst zu führen. Dadurch kann eine bessere Nutzung und Wertschätzung der Talente und Fähigkeiten des einzelnen Mitarbeitenden gelingen. Dies führt zu einer Entwicklung der Mitarbeiterpersönlichkeit nicht nur in Bezug auf das Arbeitsleben. Als Nebeneffekte ergeben sich eine höhere Kreativität, langfristig stabile Leistungsbereitschaft und Commitment bei relativer Unabhängigkeit von der Person der Vorgesetzten.

Dieser Ansatz erscheint gerade dann von höchster Relevanz, wenn die Person des Geführten nicht immer in der Organisation vor Ort ist. Das Modell kann so interpretiert werden, dass Vorgesetzten fünf Rollen bzw. Aufgaben zukommen (Manz und Sims 2001, S. 212):

Fünf Rollen des Leaders:

- Bewahrer, Interpretierender und Lehrer der Prinzipien und Werte,
- Chief Advisor,
- nach einer getroffenen Entscheidung die Verantwortung dafür übertragen,
- Cheerleader (Erfolge anerkennen, loben, feiern),
- im Konfliktfall Entscheidungsbefugnisse zuordnen.

In der Extremform angewendet, bedeutet das Führen nach diesem Konzept, möglichst viel Verantwortung zu delegieren. Dennis Bakke, Autor, Mitbegründer der AES Corporation (President und CEO von 1994 bis 2002 und President und CEO der Imagine Schools, USA) führte seiner eigenen Aussage zufolge gemäß folgender Maxime: „So my fifth role is to pick the person who will in fact make the ultimate decision. That goes back to the one decision I make a year." (Manz und Sims 2001, S. 212).

Sollte ein solches besonderes Verständnis von Führung nicht zur Unternehmenskultur oder zur Person der Führungskraft passen, gibt es praktikablere

Möglichkeiten, das Verhaltensrepertoire der Führungskraft um den Aspekt Führen auf Distanz zu erweitern (siehe Kap. 4, Führung im Home Office).

1.2 Arbeit der Zukunft/Zukunft der Arbeit: Digitale Nomaden

1.2.1 Wie jüngere Generationen den Arbeitsmarkt verändern

Der demografische Wandel und der daraus resultierende Fachkräftemangel werden die Arbeitswelt der Zukunft verändern. In den kommenden Jahren werden die geburtenstarken Jahrgänge der Babyboomer-Generation in Rente gehen, gleichzeitig gibt es, bedingt durch sinkende Bevölkerungszahlen in Industrieländern und Wissensgesellschaften, bereits jetzt einen erheblichen Mangel an gut ausgebildeten Fachkräften. Die Folge: Fachkräfte sind begehrt und können ihre Arbeitsplätze frei wählen. Mussten sich frühere Generationen bei der Suche nach einer Stelle noch gegen zahlreiche Mitbewerber durchsetzen, können sich gut ausgebildete Arbeitskräfte und auch viele Auszubildende heute das Unternehmen aussuchen, in dem sie arbeiten möchten. Neue Generationen von Arbeitnehmenden sind auf dem Arbeitsmarkt angekommen oder stehen kurz vor ihrem Eintritt in die Arbeitswelt. Es zeichnet sich ab, dass diese Generationen andere Anforderungen an ihr Arbeitsumfeld stellen als vorhergehende Jahrgänge. Der finanzielle Aspekt steht bei der Wahl des Arbeitsplatzes nicht mehr an erster Stelle. Eine gesunde Work-Life-Balance, die Möglichkeit der persönlichen Entwicklung oder die Vereinbarkeit von Familie und Beruf haben einen wesentlich größeren Stellenwert bei der Entscheidung für oder gegen ein Unternehmen (Pawlik 2019). Wirtschaft und Arbeitgeber müssen auf diese Entwicklungen und auf die Bedürfnisse der jüngeren Generationen mit attraktiven Arbeitsplatzangeboten und zeitgemäßen Arbeitsbedingungen reagieren, wenn sie fachkundige Mitarbeitende für Unternehmen gewinnen und langfristig binden wollen.

1.2.2 Arbeitnehmende von morgen – Digital Natives und Digitale Nomaden

Über die oben genannten jüngeren Generationen gibt es zahlreiche Studien. Wie die so genannte „Generation Y" und „Generation Z" denkt und handelt, was ihre jeweilige Motivation und ihr Antrieb ist und welche Bedürfnisse und Ziele diese Generationen haben, ist nicht nur für Soziologen interessant, sondern auch für die Wirtschaft. Dabei geht es nicht allein um die Gewinnung von Fachkräften, sondern auch um die Führungskräfte von morgen. Veränderte Bedürfnisse und Anforderungen werden unweigerlich zu massiven Veränderungen in Organisationsstrukturen und Unternehmenskulturen führen. Die Generation Y wurde bereits früh mit technologischen Veränderungen wie dem Internet oder Mobiltelefonen sozialisiert, für die Generation Z als Digital Natives gehören Smartphones, Tablets und eine digitalisierte Lebenswelt zum Alltag. Vergangen sind die Zeiten, in denen Unternehmen als modern galten, die ihren Mitarbeitenden wenige Tage Home Office im Monat ermöglicht haben. Die reine Möglichkeit, zu Hause arbeiten zu können, wird in Zukunft den Anforderungen von Mitarbeitenden nicht mehr genügen, für die Digitalisierung eine Selbstverständlichkeit ist. Das Angebot eines zeitgemäßen Home Office-Arbeitsplatzes muss heute viele Aspekte berücksichtigen. Zum einen den Aspekt der Nachhaltigkeit. In Zeiten der Klimakrise erscheint ein papierloser Arbeitsplatz beinahe alternativlos. Die fortschreitende Digitalisierung erfordert zudem Maßnahmen für die Gewährleistung der Datensicherheit. Im Rahmen einer globalisierten Arbeitswelt ist ein ortsunabhängiger Arbeitsplatz außerdem ein enormer Vorteil im Wettbewerb um Fachkräfte. Gerade die Digital Natives stellen hohe technische Anforderungen an ihren Home Office-Arbeitsplatz; dieser soll nicht nur mit der neusten Hard- und Software ausgestattet, sondern möglichst auch mobil sein. Der Trainer und Coach Sebastian Mauritz beschreibt diese Entwicklung so:

> „Man sieht sie in Cafés vor ihren Laptops sitzen (…) und mit Smart-Handys und Kopfhörer im Gepäck die Parks bevölkern. Sie treiben sich in Bibliotheken, an Flughäfen, am Strand und in heimischen Wohnzimmern herum. Es handelt sich um eine neue Spezies (…) – die digitalen Nomaden. Es sind Personen, die ortsunabhängig von ihrem physischen Standort arbeiten. Sie haben bereits in nahezu allen Branchen Fuß gefasst, tragen keine Papierberge in Aktentaschen herum (…). Digitale Nomaden sind nicht zwangsläufig viel unterwegs, immer auf Reisen (…). Vielmehr nutzen sie die Möglichkeit an allen erdenklichen Orten zu arbeiten und sie suchen sich Strukturen, die mit ihrer Arbeitsweise zusammenpassen." (Mauritz et al. 2015, S. 95).

Auch wenn nicht alle Mitarbeitenden das Bedürfnis haben, völlig ortsunabhängig zu arbeiten, zeigt das Bild der Digitalen Nomaden doch deutlich die Veränderung der Bedeutung und des Verständnisses von Arbeit auf. Im Folgenden sollen daher die Generationen Y und Z mit ihren Bedürfnissen an ihren Arbeitsplatz näher betrachtet werden.

1.2.3 Generation Y und Generation Z

Als Generation Y oder auch Millennials werden die Jahrgänge bezeichnet, die zwischen den frühen 80er Jahren bis zu den mittleren und späten 90er Jahren des vergangenen Jahrhunderts geboren wurden. Generation Z bezeichnet die Geburtenjahrgänge der mittleren und späten 1990er Jahre bis etwa zum Jahr 2012. Die Generation Y gestaltet das Arbeitsleben also bereits seit mehreren Jahren mit, die Generation Z hat den Arbeitsmarkt bereits betreten oder tritt aktuell in den Arbeitsmarkt ein und wird diesen in den kommenden Jahren entscheidend mitprägen. Das Zukunftsinstitut beschreibt die Veränderungen auf dem Arbeitsmarkt durch jüngere Generationen so:

„Gegen individuellere Ansprüche, den Wunsch nach mehr Teilhabe und den Drang nach permanenter Bildung zu argumentieren, mag in der klassisch paternalistischen Konzernlogik stimmig gewesen sein, in der Zentralisierung, Effizienzsteigerung durch Normierung und Vereinfachung zur Bedienung einer Massengesellschaft ökonomisch Sinn ergaben, in Zeiten einer Wert-Gesellschaft, deren Grundverständnis geprägt ist vom Anspruch des Einzelnen auf Individualismus, auf persönliche Energiebalance und einen höheren Komplexitätsgrad, erreicht dieser Ansatz die High Potentials nicht mehr." (Signium 2013, S. 10).

Kurz gesagt, sowohl die Generation Y als auch die Generation Z stellt andere Anforderungen an ihre Arbeitgeber als ältere Mitarbeitende. Wie genau sehen diese Anforderungen nun aus?

Zahlreiche Studien zeigen auf, dass beide Generationen bevorzugt in flachen Hierarchien arbeiten und eine gesunde Feedbackkultur als äußerst wichtig erachten. Sie legen einen starken Fokus auf ihr Privatleben und die Freizeitgestaltung. Die Mitglieder beider Generationen gelten zudem als weltoffener als ältere Jahrgänge.

Für die Generation Y steht der monetäre Aspekt des Berufs nicht mehr im Vordergrund. Ein Beruf soll heute vor allem sinnvoll und erfüllend sein und Möglichkeiten bieten, sich weiterzuentwickeln und die eigenen Potenziale zu entfalten. Während sich frühere Generationen eher an die Anforderungen der Unternehmen angepasst haben, stellen die sogenannten Millennials nun Anforderungen an ihre Arbeitsumgebung. Dazu gehört auch die Möglichkeit, von zu Hause aus oder sogar völlig mobil von jedem denkbaren Ort aus arbeiten zu können. Als Gründe für den Wunsch nach einem Home Office-Arbeitsplatz werden in Umfragen verstärkt Flexibilität, Fahrzeitersparnis und die Vereinbarkeit von

Familie und Beruf genannt. Die Grenzen von Beruf und Privatleben sind für die Generation Y durchlässiger geworden. Das Zukunftsinstitut schreibt dazu in einer Studie: „Erwerbsarbeit wird nicht mehr als ein vom Leben abgelöster Prozess verstanden, sondern ist integraler Bestandteil eines erfüllten Lebens. Arbeitszeit wird zur Lebenszeit. (…) Der Beruf soll nicht in Konkurrenz zum Privatleben treten, sondern nach Möglichkeit mit ihm harmonieren." (Signium 2013, S. 22). Den Wunsch, auch von zu Hause aus arbeiten zu können, haben in diesem Zusammenhang rund 70 % der Befragten (ebd., S. 31). In Zusammenhang mit der Generation Y wird deshalb auch häufig von einem Bedürfnis nach Work-Life-Blending gesprochen.

Teilweise ähnliche Anforderungen an ihr berufliches Umfeld stellt auch die Generation Z. Laut einer Umfrage aus dem Jahr 2019 gaben 19 % der Befragten der Generation Z (und 22 % der Generation Y) eine schlechte Work-Life-Balance und einen Mangel an Flexibilität als Grund für einen möglichen Arbeitsplatzwechsel innerhalb der nächsten zwei Jahre an (Pawlik 2019). Auch für diese Generation ist eine gesunde Balance von Arbeit und Privatleben also von großer Wichtigkeit. Zudem ist die Generation Z geprägt von einem engen Verhältnis zur Familie und einem starken Bedürfnis nach Sicherheit (Burfeind 2019). Im Gegensatz zur Generation Y besteht die Generation Z auf einer klaren Trennung von Arbeitszeit und Freizeit. Work-Life-Blending ist in dieser Generation nicht erwünscht, es besteht ein deutlicher Wunsch nach einem klaren Arbeitszeitende.

Trotz vieler Ähnlichkeiten bezüglich einer Balance von Arbeit und Privatleben gibt es also auch deutliche Unterschiede zwischen den Generationen Y und Z. Dementsprechend müssen Vereinbarungen zu Arbeitsort und Arbeitszeit auch individuell getroffen werden.

Auch wenn sich die tatsächliche Entwicklung der Bedürfnisse von jüngeren Arbeitnehmenden erst in der Realität beweisen muss, gibt es Faktoren, die sich heute schon eindeutig interpretieren lassen. Sind ältere Generationen nicht mit technischen Entwicklungen wie Handy, Internet oder Apps aufgewachsen oder erst im Laufe ihrer Jugend damit in Berührung gekommen, kennt die Generation Z nur die digitalisierte Welt. Sie lebt gewissermaßen im Netz. Für diese Altersgruppen ist die Digitalisierung ihres Lebens Normalität und quasi alternativlos. Dies spiegelt sich auch in den Anforderungen der jungen oder künftigen Arbeitnehmenden an die Unternehmen wider. Digital Natives fordern moderne Technologien ein.

1.2.4 Technische Voraussetzungen und Möglichkeiten für einen zeitgemäßen (Home Office)-Arbeitsplatz

Wie sehen die Ansprüche der jüngeren Generationen an ihr Arbeitsumfeld in technischer Hinsicht aus und was bedeutet das für die Ausstattung eines Home Office-Arbeitsplatzes der Zukunft? Die Bereitstellung und der Einsatz zeitgemäßer Technologien in Unternehmen ist ein wichtiger Faktor im Kampf um Talente. Die Möglichkeiten sind vielfältig: „Daimler lässt Auszubildende mit Snapchat und Tablets arbeiten, die Deutsche Bahn verzichtet auf Bewerbungsanschreiben, bei Deloitte bekommt jeder einen Laptop und ein Smartphone, es gibt die ersten Unternehmensberater in Teilzeit und fast schon standardmäßig Homeoffice, Büros mit Wohlfühlatmosphäre und das Du." (Burfeind 2019, o.S.). Nun gelten natürlich nicht für jedes Unternehmen und jede Tätigkeit dieselben Voraussetzungen. Die benötigte Ausstattung für einen Home Office-Arbeitsplatz ist je nach Anforderungsprofil und Aufgabengebiet individuell sehr verschieden. Administrative Tätigkeitsschwerpunkte können eine andere Ausstattung erfordern als die Erledigung spezifischer Felder im Tagesgeschäft. Zudem müssen perspektivische Unternehmensentwicklungen und technologische Entwicklungen in Betracht gezogen werden. Generell gibt es jedoch einige Faktoren, die unabhängig von den genannten Bedingungen sinnvoll zur Förderung einer gelungenen Kommunikation zwischen zentralen und dezentralen Arbeitsplätzen sind.

Mitarbeitende eines Teams müssen (nicht nur im Home Office) zu jeder Zeit und von jedem Ort aus befähigt werden, Informationen vom Team zu erhalten und für das Team bereitzustellen. Die Herausforderung für Unternehmen besteht nun darin, die Infrastruktur dafür bereitzustellen, dass diese Informationen jederzeit fließen können. Das gleichzeitige Bearbeiten von Dokumenten und Themen im Team muss gewährleistet sein. Der aktuelle Arbeits- und gegebenenfalls Entscheidungsstand muss für alle immer verfügbar, transparent und nachvollziehbar sein. Eine dezentrale Informationshaltung ist daher kontraproduktiv. Alle Mitglieder eines Teams sollten idealerweise unabhängig vom Standort in einem System arbeiten, in dem alle Prozesse stattfinden, verarbeitet und dokumentiert werden. Die Arbeit in parallelen Informationssystemen würde den Informationsfluss hemmen. Informationen, Beschlüsse und Projektverläufe sollten zum Beispiel nicht per Mail verschickt werden, sondern an einem zentralen Ort zugänglich sein. Die gesamte Kommunikation und Dokumentation sollten auf einer Plattform zusammengeführt werden. Eine solche Arbeitsweise betrifft idealerweise nicht nur einzelne Teams, sondern das gesamte Unternehmen.

Dafür ist vielfach eine Veränderung der Unternehmenskultur hin zu flacheren
Hierarchien, bereichsübergreifendem geteiltem Wissen und mehr Transparenz
notwendig: weg vom „Silo-Denken", hin zur Bereitschaft, Wissen über fachliche und Abteilungsgrenzen hinweg zu teilen, gewissermaßen eine Auflösung
der Kopfmonopole des Expertenwissens. Die oberste Prämisse ist dabei natürlich
die Datensicherheit. Die Netzwerke müssen entsprechend abgeschottet werden
und Standards für Zugriffe definiert werden. Sinnvoll ist es, dafür die Daten
nach ihrer Kritikalität zu clustern. Um vorhandene Prozesse in die digitalisierte
und globalisierte Welt zu transformieren, gilt es für Unternehmen, bestehende
Prozesse zu verschlanken und zu automatisieren.

Eine solche transparente Arbeitsweise erleichtert das Controlling der
Führungskräfte, da diese den Status des Arbeitsfortschritts der Mitarbeitenden
im Home Office einsehen können und diesen nicht mehr permanent abfragen
müssen. Die Informationsbeschaffung wandelt sich dadurch von der Bring-
schuld zur Holschuld, da alle relevanten Daten für das Team jederzeit
verfügbar sind. Eine wichtige Rolle spielt dabei die Verantwortung und Selbst-
verantwortlichkeit des Einzelnen. So ist jedes Teammitglied dafür verantwortlich, relevante Informationen in das System einzupflegen, aber auch einzuholen.
Das Unternehmen Siemens betreibt beispielsweise eine interne Wissensplatt-
form namens „ShareNet". Dort können Mitarbeitende ihr Expertenwissen
mit dem Team teilen. Alle Beiträge werden von einem „Knowledge Broker"
geprüft. Für eingereichte Beiträge gibt es ein internes Bonussystem in Form von
Weiterbildungsmaßnahmen (Obermeier 2002). Der virtuelle Zugriff auf im Unternehmen vorhandenes Wissen ist nicht nur im Home Office, sondern auch stand-
ortübergreifend von großem Vorteil und unterstützt maßgeblich ortsunabhängiges
Arbeiten. Es spielt keine Rolle mehr, von welchem Standort Mitarbeitende
benötigtes Wissen einholen. Selbstverständlich ist für eine solche Bereitstellung
aktueller und gut aufbereiteter Daten ein stringentes Wissensmanagement im
Unternehmen notwendig.

Diese Arbeitsweise erfordert ein großes Vertrauen des Managements in alle
Teammitglieder. Gleichzeitig erleichtert sie den Führungskräften das Controlling
des Arbeitsfortschritts und der Zielerreichung. Genau darin liegt nun auch die
Verantwortung der Führungskräfte. Arbeitsziele müssen individuell und klar
mit allen Teammitgliedern vereinbart werden und ihre Erfüllung muss auch im
virtuellen Arbeitsraum transparent sein. Erkennt eine Führungskraft, dass Ziele
nicht erreicht werden, kann sie zeitnah Maßnahmen ergreifen, um dieser Entwicklung entgegen zu wirken. Generell ist bei dezentral arbeitenden Teammitgliedern ein regelmäßiges Feedback vonseiten des Managements immens
wichtig. Vor allem die genannten Generationen Y und Z sind es gewohnt,

regelmäßig Feedback zu ihrer Arbeit zu erhalten und erwarten dies auch von ihren Vorgesetzten, wie zahlreiche Studien belegen. Besonders für Mitarbeitende im Home Office ist die Aufrechterhaltung einer gesunden Feedbackkultur generell wichtig, um die Integration ins Team zu gewährleisten.

Gleichzeitig tragen Führungskräfte eine Verantwortung für die Gesundheit ihrer Mitarbeitenden im Home Office. Auch wenn Arbeitszeit und Arbeitsort flexibel sind, muss das Management darauf achten, dass zulässige Höchstarbeitszeiten eingehalten werden und Mitarbeitende den realen Kontakt zu ihren Teammitgliedern und zu den Führungskräften nicht verlieren. Präsenztage, regelmäßige gemeinsame Besprechungen am Unternehmensstandort oder gemeinsame Unternehmungen im Team können verhindern, dass einzelne Teammitglieder vereinsamen. Für den persönlichen Austausch, nicht nur mit Mitarbeitenden im Home Office, auch mit Kollegen im überregionalen oder globalen Kontext, auf Reisen oder auf dem Weg zu Kunden ist dabei die Nutzung von Technologien für Audio- und Videokommunikation mit mehreren Teilnehmern und das Teilen von Bildschirminhalten sinnvoll.

Die genannten Maßnahmen sind nicht nur für Mitglieder jüngerer Generationen und nicht nur für die Arbeit im Home Office sinnvoll. Vertrauen, geteiltes Wissen, eine gesunde Kommunikation im Team und selbstverantwortliches Arbeiten führen letztendlich bei allen Mitarbeitenden zu mehr Zufriedenheit.

1.2.5 Ausblick: Was bedeutet das für die Zukunft?

Personalmangel ist ein Problem, dem sich viele Unternehmen heute stellen müssen. Die Zahlen sprechen für sich: „Dem Institut für Arbeitsmarkt- und Büroforschung zufolge waren im ersten Quartal 2018 fast 1,2 Millionen Stellen in Deutschland unbesetzt, rund 50 % mehr als vor fünf Jahren." (Burfeind 2019, o.S.). Heute geht es nicht mehr nur um die Qualifikation der Bewerber bei der Besetzung einer vakanten Stelle, es gibt schlicht nicht mehr genügend Bewerber auf dem Arbeitsmarkt. Die Bedürfnisse potenzieller neuer Mitarbeitender zu kennen und darauf einzugehen, ist keine Option mehr, sondern eine Notwendigkeit. Unternehmen werben nun um potenzielle Mitarbeitende, ein Wettbewerb um Arbeitskräfte ist entbrannt, der sich in den nächsten Jahren noch verstärken wird.

Mitarbeitende der Generationen Y und Z werden einen Kulturwandel in Unternehmen einfordern und letztlich auch durchsetzen. Die Attraktivität eines Arbeitsplatzes wird darüber entscheiden, welches Unternehmen das Rennen um gut ausgebildete Fachkräfte macht. Kulturwandel – das bedeutet Veränderungen in hierarchischen Strukturen, eine offene und gesunde Feedback- und Fehlerkultur, einen verstärkten Fokus auf gelebte Werte im Unternehmen und die Möglichkeit zur Persönlichkeitsentwicklung im Beruf. Es bedeutet auch, dass Unternehmen dem Bedürfnis nach mehr Flexibilität in Form von agilen Arbeitsweisen und mehr Selbstbestimmtheit durch eine freie Wahl von Arbeitsort und Arbeitszeit Rechnung tragen; und im Zuge der fortschreitenden Digitalisierung und des digitalen Wandels nicht zuletzt eben die Bereitstellung zeitgemäßer Technologien zur Erfüllung dieser Anforderungen gewährleisten. Unternehmen können diese Veränderungen als Chance begreifen. Der Kreativitäts- und Glücksforscher Mihaly Csikszentmihalyi hat zahlreiche Interviews mit Führungskräften geführt, die diese Entwicklungen bereits leben. Die Unternehmerin Christine Comaford Lynch sagt in einem Interview mit Csikszentmihalyi: „Ich sehe viele Beispiele von Kontrollwahn. Deshalb ist es mir sehr lieb, wenn ich auch mal sehe, dass den Leuten Bestimmungsmöglichkeiten zugestanden werden. Denn dann bekommen Sie eben Loyalität. Sie bekommen jemanden, der ganz stark motiviert ist. Und wahrscheinlich auch jemanden, der Ihnen jede Menge kreative Ideen liefert." (Csikszentmihalyi 2014, S. 187). Ein gut ausgestattetes Home Office ist ein wichtiger Baustein dieser Veränderungen. In der Zukunft wird sich die Definition des Begriffs Home Office jedoch erweitern müssen. Er bedeutet – gerade für jüngere Generationen – nicht mehr nur die Arbeit vom eigenen Zuhause aus, sondern die Möglichkeit, generell orts- und zeitunabhängig zu arbeiten.

Vorteile und Nachteile von Home Office Arbeitsplätzen

2

2.1 Vorteile

Aus Sicht der Mitarbeitenden eröffnet ein Home Office-Arbeitsplatz folgende Vorteile:

Studien deuten darauf hin, dass das Home Office zu einer höheren Arbeitszufriedenheit führt. Laut Brenke (2016) zeigen Studien, dass Mitarbeitende im Home Office zufriedener sind als Mitarbeitende, die ausschließlich einen Arbeitsplatz in der Organisation haben. Außerdem macht der unerfüllte Wunsch nach einem Heimarbeitsplatz unzufrieden. Die empfundene Zufriedenheit kann steigen, je länger bereits von zu Hause aus gearbeitet wird. Personen, die seit sechs bis zehn Jahren Home Office nutzen dürfen, sind durchschnittlich um 11 % glücklicher und fühlen sich um 14 % mehr wertgeschätzt als solche, die erst seit Kurzem diese Möglichkeit haben (Tinypulse 2016).

Ein interessantes Spannungsfeld ergibt sich beim Thema Work-Life-Balance. Laut Weitzel et al. (2019) bieten derzeit 53,5 % der Top-1000-Unternehmen ihren Mitarbeitenden die Möglichkeit des Home Office. Acht von zehn Kandidaten wünschen sich diese Möglichkeit. Gleichzeitig glauben allerdings auch sechs von zehn, dass dadurch die Grenze zwischen Berufs- und Privatleben verschwimmt.

Flexible Arbeitsmodelle im Allgemeinen und im Home Office im Speziellen sind ein entscheidender Beitrag zu gleichen Karrierechancen von Männern und Frauen. Durch flexible Zeiteinteilung und höhere Zeitautonomie ist es möglich, trotz Elternschaft die Karriere weiter zu verfolgen (Bessing 2016).

Als Hauptgrund für den Wunsch nach (alternierender) Telearbeit wird das Entfallen der Pendlerzeit angeführt (Weitzel et al. 2015). Diesen Aspekt betrachten die Befragten neben der räumlichen Unabhängigkeit als besonders entscheidend.

© Springer Fachmedien Wiesbaden GmbH, ein Teil von Springer Nature 2020
M. Landes et al., *Führung von Mitarbeitenden im Home Office*, essentials,
https://doi.org/10.1007/978-3-658-30053-1_2

Gesamtgesellschaftlich ist relevant, dass Home Office Arbeitsplätze zur Schonung von Ressourcen durch Einsparung der gefahrenen Kilometer beitragen können. Die Infrastruktur wird entlastet durch ein geringeres Pendler-Aufkommen.

Aus organisationaler Sicht bietet Home Office folgende Vorteile:

Neben den genannten Vorteilen für das Individuum, die auch indirekt als Vorteile für die Organisation angesehen werden können, spielen weitere Aspekte eine Rolle: Bloom (2015) konnte zeigen, dass Home Office-Mitarbeitende effizienter arbeiten. Das Arbeiten im Home Office einer Reiseagentur führte zu einer Leitungssteigerung um 13 %. Neun Prozent der Leitungssteigerung können dadurch erklärt werden, dass mehr Minuten pro Schicht gearbeitet wurden (da weniger Pausen gemacht wurden und weniger Krankmeldungen erfolgten) und mehr Telefonate pro Minute angenommen wurden. Vier Prozent lassen sich durch gestiegene Konzentration erklären. Zudem wurde von den Personen im Home Office berichtet, dass sie zufriedener mit ihrer Arbeit seien.

Mitarbeitende im Home Office zeichnen sich aus Sicht der Arbeitgeber durch eine höhere Produktivität aus (Grunau et al. 2019). Zudem eröffnen flexible Arbeitsformen wie das Home Office Möglichkeiten der Steigerung der Arbeitgeber-Attraktivität und eine Optimierung der Büroflächennutzung.

Entscheidend für eine Steigerung der Arbeitszufriedenheit ist die Freiwilligkeit der Entscheidung für einen Heimarbeitsplatz (Tinypulse 2016). Der Zufriedenheitsgrad bei Mitarbeitenden, die sich freiwillig für Home Office entschieden haben, ist höher als bei denen, die von der Firma ins Home Office geschickt werden. Diese Unterschiede spiegeln sich in der gefühlten Wertschätzung durch die Vorgesetzten und in der Bereitschaft der Mitarbeitenden, die nächsten Jahre für den gleichen Arbeitgeber tätig zu sein, wider.

Durch Home Office ist es leichter möglich, Menschen mit eingeschränkter Mobilität bzw. einer Behinderung zu beschäftigen.

Die Mitarbeiterbindung gilt als eine der größten aktuellen Herausforderungen für Arbeitgeber (Weitzel et al. 2015). Ein großer Vorteil für Arbeitgeber sind daher zufriedene Mitarbeitende, welche zu einer geringen Fluktuationsquote im Unternehmen beitragen.

Eine Steigerung der Produktivität ist durch konzentrierteres Arbeiten im Home Office möglich. 91 % der Mitarbeitenden schätzen sich im Home Office produktiver ein als im Büro (Tinypulse 2016).

Es bieten sich Möglichkeiten des Shared Desks aufgrund von geteilten Arbeitsplätzen. Organisationen müssen weniger Arbeitsplätze vorhalten, wenn ein Teil der Belegschaft im Home Office arbeitet.

2.2 Nachteile

Aus Sicht der Mitarbeitenden kann Home Office auch mit folgenden Nachteilen verbunden sein:

50 % der Befragten sehen die schlechtere Trennbarkeit von Arbeit und Privatleben als größtes Problem an (Arnold 2015). Diese nicht trennscharfe Abgrenzung kann aber auch auf einen grundsätzlichen Wandel der Arbeitswelt zurückgeführt werden.

Es kann die Gefahr der Isolation und Vereinsamung aufgrund einer fehlenden Gruppenzugehörigkeit bestehen. Empfundene Isolation durch fehlende soziale Kontakte im Berufsleben kann Mitarbeitende negativ beeinträchtigen. Dieser Punkt ist vor allem für im Home Office Arbeitende ernst zu nehmen, welche *ausschließlich* von zu Hause aus arbeiten.

Als ökonomischer Nachteil kann aus Sicht der Mitarbeitenden Folgendes angeführt werden: Der einzige Kostenaufwand für Mitarbeitende wäre die Einrichtung des Home Office-Arbeitsplatzes, welcher jedoch im Normalfall vom Unternehmen getragen wird.

Aus organisationaler Sicht werden vor allem folgende Nachteile angeführt:

Mitarbeitende lassen sich am betrieblichen Arbeitsplatz leichter kontrollieren. Auch deshalb ist in vielen Unternehmen diese Arbeitsform bevorzugt.

Eine Studie (O'Neill et al. 2014) zu „Cyberslacking" (Surfen im Internet zu privaten Zwecken während der Arbeitszeit) zeigt, dass dieses kontraproduktive Verhalten bei Personen mit den Merkmalen Prokrastination positiv zusammenhängt und negativ mit Ehrlichkeit, Verträglichkeit und Gewissenhaftigkeit. Die Studie gibt Hinweise darauf, welche Personen eher für eine Tätigkeit im Home Office geeignet sind bzw. welche Personen eine engmaschigere Überprüfung des täglichen Outputs benötigen.

Es wird eine geringere Kommunikation zwischen den Mitarbeitenden befürchtet. Dieser Befürchtung kann jedoch eine Untersuchung (Allen 1984) entgegengehalten werden. Die sogenannte „Allen Kurve" besagt, dass die Wahrscheinlichkeit einer regelmäßigen Kommunikation unter Kollegen (in dem untersuchten Fall unter Ingenieuren), die knapp zwei Meter entfernt sind, ungefähr viermal so hoch ist, wie bei Kollegen, welche 18 m voneinander entfernt sitzen. Darüber hinaus sagt sie aus, dass Kollegen aus unterschiedlichen Stockwerken so gut wie kaum miteinander kommunizieren.

Auch wenn die Wahrscheinlichkeit der Kommunikation unter Kollegen mit der Entfernung sinkt, ist räumliche Nähe noch kein Garant für eine Face-to-Face-Unterhaltung. Gemeinschaftszonen wie die Kaffeeküche oder Besprechungsecken können die Kommunikation unterstützen (Allen und Henn 2006).

Es besteht das Risiko, dass Gruppen-Effekte bezüglich der Produktivität im Home Office nicht stattfinden. Falk und Ichino (2003) fanden in ihrer Studie eine Evidenz von positiven Effekten bei Gruppen („peer effects"). Peer Effekte haben darüber hinaus vor allem einen positiven Einfluss auf grundsätzlich weniger produktive Mitarbeitende.

Wägt man Vor- und Nachteile ab, ist eine Entscheidung für die Einführung von Home Office naheliegend. Wichtig ist es, die entsprechenden Voraussetzungen und Rahmenbedingungen sowie eine passende Unternehmenskultur zu schaffen, um die positiven Aspekte der Arbeit im Home Office wirksam werden zu lassen. Gleichzeitig muss durch entsprechende Regelungen dafür gesorgt werden, dass die Risiken und möglichen Nachteile möglichst gering gehalten werden.

Motivation und Gerechtigkeit

3

Zunächst wollen wir auf grundlegende Aspekte eingehen, die bei der Entscheidung für Home Office-Arbeitsplätze und deren Konzeption eine entscheidende Rolle spielen:

- Die Motivationsstruktur des Individuums ist von Bedeutung, wenn es um die Akzeptanz dieser flexiblen Arbeitsform und um einen erfolgreichen Output geht.
- Die empfundene Gerechtigkeit im Vergleich mit relevanten anderen übt einen entscheidenden Einfluss auf die Leistung und Zufriedenheit aus.

3.1 Motivation

Die Motivation, das individuelle Wollen, ist ein Einflussfaktor von mehreren, der auf das menschliche Handeln wirkt. Motive stellen die Beweggründe für Handlungsweisen dar und können zur Erklärung, Vorhersage und Beeinflussung von Verhalten herangezogen werden. Sie werden nach ihrem Bewusstseinsgrad in implizite und explizite Motive unterschieden. Explizite Motive sind dem Bewusstsein zugänglich und bilden das Selbstbild einer Person ab. Implizite Motive liegen außerhalb des Bewusstseinshorizontes und eignen sich zur Prognose allgemeiner, überdauernder Verhaltensmuster. Implizite Motive können in drei Typen (McClelland 1953) unterschieden werden, die sich in unterschiedlicher Ausprägung bei jedem Menschen nachweisen lassen (vgl. hierzu und zum Folgenden Hohenberger und Spörrle 2013, S. 104; Steiner und Landes 2017): Macht, Anschluss (Zugehörigkeit) und Leistung.

© Springer Fachmedien Wiesbaden GmbH, ein Teil von Springer Nature 2020
M. Landes et al., *Führung von Mitarbeitenden im Home Office*, essentials,
https://doi.org/10.1007/978-3-658-30053-1_3

Menschen mit einem hoch ausgeprägten Machtmotiv erfreuen sich daran, gestaltend zu wirken und Verantwortung zu übernehmen. Das Zugehörigkeitsmotiv ist gekennzeichnet vom Willen nach Herstellung guter zwischenmenschlicher Beziehungen. Menschen mit einer hohen Ausprägung des Leistungsmotivs wollen auch anderen gegenüber ihre Fähigkeiten demonstrieren und setzen sich herausfordernde Ziele.

Man kann spekulieren, dass der anschlussmotivierte Typ eher weniger Bedarf hat, in einem Home Office zu arbeiten, es sei denn, dass er auch von dort aus seine sozialen Kontakte pflegen kann. Der leistungsmotivierte Typ könnte ein Home Office dann bevorzugen, wenn dies die Möglichkeit bietet, dort ohne Störungen zu arbeiten, also z. B. im Gegensatz zu einem Großraumbüro. Der machtmotivierte Typ wird das Home Office dann schätzen, wenn es nicht jedem zusteht und so als „Insignie der Macht" dienen kann.

Ein weiterer relevanter Aspekt ist die Selbsterschöpfung durch eine herausfordernde Arbeitsumgebung. Die kognitiven Ressourcen zur Selbstregulierung sind begrenzt und werden bei der Zielverfolgung u. U. aufgebraucht (Ego-Depletion). Personen, die in einem Versuch zuerst eine Selbstdisziplin erfordernde Aufgabe bewältigen mussten, resignierten anschließend bei einer anderen komplizierten Aufgabe schneller als andere Versuchspersonen (Kahneman 2011, S. 42). Wird man also bei einer komplexen kognitiven Aufgabe durch eine herausfordernde Umgebung (Lärm, laufende Störungen, unnötige Besprechungen etc.) abgelenkt, so kommt es zu einem Selbsterschöpfungsprozess, bei dem die Volition, d. h. die Willenskraft, sich mit einem Thema zu beschäftigen, aufgebraucht wird. In solchen Fällen kann es sinnvoller sein, komplexe Tätigkeiten in einem Home Office auszuführen, sofern dort nicht andere Herausforderungen zu einer Ablenkung führen.

Nach der *Self Determination Theory* (Ryan und Deci 2000) streben Individuen nach Weiterentwicklung, nach der Bewältigung von Herausforderungen und bauen die daraus gewonnenen Erkenntnisse in ihr Selbstkonzept ein (Steiner und Landes 2014). Dabei ist das Individuum äußeren Einflüssen ausgesetzt (sozialer Kontext), welche die Fähigkeit der Weiterentwicklung beeinflussen. Menschen haben nach Ryan und Deci (2000) drei psychologische Grundbedürfnisse:

- Autonomy (Überzeugung, dass man selbst das eigene Verhalten steuert)
- Competence (Herausforderungen suchen, bewältigen und die gewonnen Fähigkeiten weiterhin einsetzen)
- Relatedness (Gefühl der Zusammengehörigkeit, der Integration als wertvoller Teil einer Gemeinschaft)

Gestaltet man die Entscheidung für ein Home Office als eine Art Anreiz, eine Belohnung immaterieller Art, so muss man sich mit den Motivationswirkungen von Anreizen beschäftigen. Ryan und Deci (2000) beschreiben die Wirkung von Belohnungen auf die intrinsische Motivation. Belohnungen oder Bestrafungen können intrinsische Motivation erheblich reduzieren. Intrinsische Motivation verstärkend wirkt sich demgegenüber positives Feedback aus. Hierbei kommt dem sozialen Kontext eine große Bedeutung zu: Positives Feedback wird in einer repressiven Organisation als kontrollierend empfunden, d. h. es wird Druck ausgeübt, damit bestimmte Ziele erreicht werden. Intrinsische Motivation wird dann durch extrinsische Anreize verdrängt, die empfundene Autonomy oder Competence wird negativ beeinträchtigt. Ist das System informationsorientiert, kann durch konstruktives Feedback die intrinsische Motivation gestärkt und die beschriebenen psychologischen Grundbedürfnisse erfüllt werden.

An den Punkt der Autonomie knüpft auch eine Darstellung von Wüthrich et al. (2009, S. 274 ff.) an. Am Beispiel der US-amerikanischen Firma Best Buy wird gezeigt, dass die autonome Entscheidung über die eigene Arbeitszeit eine erhebliche Verringerung der Fluktuation und Steigerung der Produktivität (mit-)bewirkt hat. Zentraler Ansatzpunkt war das Prinzip „ROWE", d. h. Results-Only Work Environment. Solange das vereinbarte Ergebnis erzielt wurde, gab es keine Vorgaben zur Arbeitszeit und andere einschränkende Regularien. Auch wenn man aus einem einzelnen Beispiel keine allgemeinen Aussagen ableiten kann und zudem auch keine Monokausalität unterstellt werden kann, zeigt das Beispiel doch, dass man mit solchen Interventionen Veränderungen im Unternehmen erreichen kann.

Diese Ergebnisse sprechen für eine flexiblere Einteilung der Arbeitszeit, welche durch Home Office ermöglicht werden kann.

Aber nicht nur der Zusammenhang zwischen Motivation und Leistung ist interessant, sondern auch, welche Faktoren zur Arbeitszufriedenheit und damit zur Mitarbeiterbindung führen. Bei hoher Arbeitszufriedenheit ist die Bindung des Mitarbeitenden an das Unternehmen wahrscheinlicher. Leistungsbereite Mitarbeitende können gehalten werden und einem Abfluss von Wissen wird entgegengewirkt. Arbeitszufriedenheit gilt als ein wesentliches Konzept der Arbeits- und Organisationspsychologie, um Verhalten und Erleben von Menschen in Organisationen beschreiben, erklären und vorherzusagen zu können (Felfe und Six 2006, S. 38). Nerdinger (2001, S. 351) beschreibt Arbeitszufriedenheit als die Einstellung zur Arbeit, als eine emotionale Reaktion auf die Arbeit, die Meinung über die Arbeit und die Bereitschaft, sich in der Arbeit zu engagieren.

Im beruflichen Kontext spielt das Zufriedenheitsempfinden der Mitarbeitenden eine bedeutende Rolle. Die empfundene Arbeitszufriedenheit kann

Auswirkungen haben auf die Leistung, die Leistungsbereitschaft, Organizational Citizenship Behaviour (OCB), Kündigung, Burnout, physisches und psychisches Wohlbefinden, Lebenszufriedenheit und destruktives Verhalten (Spector 1997, S. 55–70).

Oftmals wird die Vergütung als Hauptansatzpunkt zur Motivation gesehen. Ein weiterer sehr wichtiger externaler Einflussfaktor auf die Arbeitszufriedenheit ist jedoch der Führungsstil von Vorgesetzten. „Der Führungsstil erhöht die Zufriedenheit der Geführten, wenn der Vorgesetzte die individuelle Bedürfnislage der Nachgeordneten berücksichtigt und sie als Menschen mit vielfältigen Wünschen und Erwartungen behandelt (…)" (Rosenstiel 2015, S. 276).

Gerade bei Mitarbeitenden im Home Office ist die Führungskraft ein Dreh- und Angelpunkt. Diese vermittelt die Unternehmenskultur, sorgt für Austausch- und Kontaktmöglichkeiten, kann die Motivation der Mitarbeitenden im Auge behalten, Feedback geben und wichtiger Ansprechpartner sein.

Anzunehmen, dass eine hohe Arbeitszufriedenheit automatisch auch zu hoher Leistung führt, ist zu kurz gedacht. Zufriedenheit ist nicht als Mittel zum Erreichen des Zwecks Leistung verwendbar. Rosenstiel stellt in vielen Publikationen (z. B. 2015) heraus, dass Zufriedenheit und Leistung gleichberechtigte unabhängige Ziele sind. Beide sollten in der Organisation um ihrer selbst Willen angestrebt werden (Rosenstiel 2007). Zufriedenheit hängt auch nicht automatisch mit höherer Leistung zusammen (Six und Kleinbeck 1989; Bowling 2007). Selbst wenn gezeigt wird, dass häufig geringe Zufriedenheit mit geringer Leistung, hohe Zufriedenheit mit hoher Leistung (Vroom 1964) korreliert, ist damit nicht gesagt, dass die Zufriedenheit Ursache der hohen Leistung war (Bass 1965). Es kann auch die Leistung Ursache der Zufriedenheit sein, oder Leistung und Zufriedenheit sich nicht direkt beeinflussen, sondern von einer dritten Einflussgröße abhängen. Maßnahmen, die direkt auf die Erhöhung der Arbeitszufriedenheit abzielen, erhöhen damit nicht automatisch die Leistung.

Bei Mitarbeitenden im Home Office müssen daher ebenso Maßnahmen, die die Zufriedenheit fördern, als auch Maßnahmen, die leistungssteigernd wirken, ergriffen werden.

3.2 Gerechtigkeit

In allen Arbeitsbeziehungen spielt Gerechtigkeit eine zentrale Rolle. Mitarbeitende und Führungskräfte hinterfragen Arbeitsbedingungen und vergleichen die eigene Situation mit der von relevanten Anderen.

3.2.1 Was bedeutet Gerechtigkeit konkret?

Gerechtigkeit „bezeichnet … eine als Lebensweisheit verstandene Haltung des Menschen, die als grundlegender Maßstab eines geordneten Zusammenlebens in der Gemeinschaft gilt." (Kreikebaum 2004, S. 348). Gerechtigkeit thematisiert, was sich die Partner einer (Arbeits-) Beziehung billigerweise gegenseitig schulden (vgl. auch Düwell et al. 2002, S. 365). Weibler (2016, S. 47) beschreibt Gerechtigkeit als Basiskategorie der Führungsbeziehung und zieht Platons Ausführung in dessen Politeia heran, der Gerechtigkeit als die Tugend beschreibt, „die anderen Tugenden zu Grunde liegt" (Weibler 2016, S. 47).

Der Begriff der Gerechtigkeit bezieht sich dabei ausdrücklich auf alle Parteien der Beziehung, also auf Führungskräfte ebenso wie auf Geführte und sie stellt die Grundanforderung für eine tragfähige Beziehung dar: „Die Zukunftsfähigkeit einer Beziehung erwächst also aus ihrer Gerechtigkeitsvermutung." (Weibler 2016, S. 47). Das Gegenteil der Gerechtigkeit ist zunächst die Ungerechtigkeit, bei der ein Handelnder bei sonst gleichen Voraussetzungen eine Person schlechter stellt als eine andere. Handlung ist hier im weiteren Sinne zu verstehen, also als ein Tun, Dulden oder Unterlassen, was somit auch die Nichthandlung umfasst. Die Steigerung der Ungerechtigkeit ist als Willkür ein Verhalten, welches Interessen anderer bewusst missachtet, Regelungen einseitig und zu Lasten anderer zum eigenen Nutzen ausreizt und dabei eine Gestaltungsmacht ohne Rücksicht auf die Bedürfnisse anderer alleine zur Befriedigung eigener Bedürfnisse ausnutzt.

Die Frage der Gerechtigkeit ist so vielschichtig, dass hier eine starke Operationalisierung vorgenommen werden muss. In der Psychologie wird seit den 1960er Jahren zum Thema Gerechtigkeit geforscht (Fladerer 2016, S. 81), so z. B. Adams (1965) mit der Equity Theory und Crosby (1976) mit der Relative Deprivation Theory.

Als Ausprägungen der empfundenen Gerechtigkeit lassen sich folgende Arten ausführen (vgl. Nerdinger et al. 2014, m. w. N.; Weibler 2016, S. 48): distributiv, prozedural und interaktional.

Die distributive Gerechtigkeit bezieht sich auf die Verteilung von Belohnungen. In der Equity Theory spielt die Abwägung von Input zu Output eine zentrale Rolle (Scholz 2014, S. 239 f.). Der Input sind u. a. die von einer Person in eine Beziehung investierten Fähigkeiten, Erfahrungen, Ausbildungen und Anstrengungen und der Output manifestiert sich im Entgelt, dem Status oder den Sozialleistungen. Um hieraus eine Erwägung zur Gerechtigkeit abzuleiten, benötigt man allerdings eine Vergleichsperson. Entsteht ein Ungleichgewicht zwischen den vergleichenden Personen, so führt dies zur Empfindung von Ungerechtigkeit oder gar von Willkür. Der ungerecht Behandelte hat nun folgende Reaktionsmöglichkeiten: die Reduktion des eigenen Inputs, die Steigerung des Outputs, die (innere) Kündigung, die psychologische Verzerrung (d. h. man redet sich den Output schön), die Sabotage der Vergleichsperson oder die Wahl einer anderen Vergleichsperson.

Die Relative Deprivation Theory geht davon aus, dass es für die subjektive Zufriedenheit nicht auf die absolute Position ankommt, sondern auf den Vergleich mit Anderen (relative Position). Runciman (1966) stellte vier Bedingungen auf, damit ein Ungerechtigkeitsempfinden entstehen kann: Eine Person hat etwas nicht (1), was sie haben möchte (2) und sie hat Kenntnis davon, dass eine andere Person dieses Etwas besitzt (3) und sie hat das Gefühl, dass ihr das Etwas auch zustünde (ist optimistisch, in Bezug auf die Erreichbarkeit des Etwas (4)).

Crosby (1976) formuliert diese Theorie neu und geht von zwei zentralen Faktoren für die Entstehung von relativer Deprivation aus: 1) es wird etwas zum Besitz begehrt und 2) man ist der Meinung, dass der Besitz gerechtfertigt ist (Bierhoff und van Dick 2014, S. 366).

Die Möglichkeit, von zuhause aus zu arbeiten, kann als Privileg wahrgenommen werden. Es ist anzunehmen, dass von der Belegschaft genau beobachtet wird, wem dieses Privileg eingeräumt wird.

Die prozedurale Gerechtigkeit bezieht sich auf die Abläufe der Entscheidungsfindung. Man kann davon ausgehen, dass Menschen nicht nur das Ergebnis einer Handlung für ihre Gerechtigkeitserwägung heranziehen, sondern auch den Prozess, der zur Handlung geführt hat, also wie transparent war die Entscheidungsfindung und auf welche Art und Weise wurde die Entscheidung vermittelt (Fladerer 2016, S. 83). Dies lässt sich auf den Punkt gebracht wie folgt ausdrücken: „The effects of what you do depend on how you do it" (Brockner und Wiesenfeld 1996, S. 189).

Bei der Entscheidung, wer einen Home Office-Arbeitsplatz nutzen kann, ist daher auf Transparenz der Kriterien zu achten.

Die interaktionale Gerechtigkeit betrachtet die Qualität in der persönlichen Auseinandersetzung mit dem Anderen. Hier kann die interpersonelle Gerechtigkeit als Art und Weise des persönlichen Umgangs und des Respektes gesehen werden (Weibler 2016, S. 49). Die informationelle Gerechtigkeit zielt ab auf die Qualität der Entscheidungsvermittlung, inwieweit wird für Entscheidung ex-ante die Meinung des Anderen eingeholt oder zumindest ex-post erklärt.

Die Kommunikation über die Entscheidung bzgl. eines Home Office-Arbeitsplatzes und damit verbundene Rahmenbedingungen spielt eine essentielle Rolle.

3.2.2 Folgen von Ungerechtigkeit

Fehlende Gerechtigkeit ist ein Quell für Demotivation und innere Kündigung. Wird ein Handeln als unfair empfunden, zerstört dies meist die intrinsische Motivation, die Bindung zum Arbeitgeber und die Leistungsbereitschaft. Ungerechtigkeit kann in der Verletzung akzeptierter Regeln und Normen ihren Niederschlag finden. Von hoher Bedeutung in Bezug auf die empfundene Gerechtigkeit ist die Reziprozität, d. h. Gegenseitigkeit: Wenn ich etwas gebe, erwarte ich auch ein entsprechendes Verhalten von dem Anderen.

Ungerechtigkeit bedroht des Selbstkonzept („Wer bin ich?") und den Selbstwert („Was bin ich wert?") der Person (Fladerer 2016, S. 86): „Wenn man so mit mir umgeht, kann ich kein geschätztes Mitglied dieser Gesellschaft sein". Diese Verletzung des Selbstkonzeptes löst ein Widerstandsverhalten aus („Das lasse ich nicht mit mir machen"). Reaktionsmuster können Rückzug und Angriff sein. Rückzug bedeutet im organisationalen Kontext, dass Mitarbeitende verringerte Unterstützung zeigen, die Arbeitsleistung reduzieren und eingeschränkt kommunikationsbereit sind (Fladerer 2016. 86, m. w. N.). Angriff kann sich in Akten von Diebstahl, Sabotage, Vandalismus und provokativer Arbeitsverweigerung niederschlagen.

Neben dem Aspekt der Gerechtigkeit spielt die Gleichbehandlung auch wegen des Allgemeinen Gleichbehandlungsgesetzes (AGG) eine große Rolle. Nach dem AGG darf niemand aus Gründen der Rasse, der ethischen Herkunft, des Geschlechtes, der Religion, der Weltanschauung, des Alters oder der sexuellen Orientierung diskriminiert werden (Bröckermann 2009, S. 193).

Diese Aspekte sollten unbedingt in die Entscheidungsfindung für die Ausgestaltung von Home Office-Arbeitsplätzen Eingang finden.

3.2.3 Ableitungen zum gerechten Verhalten in Organisationen

In der Organisation und, dem Fokus dieses Buches folgend, in der Entscheidung und Gestaltung von Home Office-Möglichkeiten gilt es, gerechte Prozesse und gerechte Interaktionen zu gestalten (Fladerer 2016, S. 90; Colquitt 2001).

Gerechte Prozesse manifestieren sich in einem konsistenten (Entscheidungs-) Verhalten, d. h. dass die bestehenden Regeln in jedem Fall gleich angewendet werden müssen. Dies setzt das Bestehen von überindividuell gültigen Regeln voraus, die im Rahmen eines Entscheidungsrasters entwickelt werden sollten.

Es schließt jedoch nicht aus, dass auf individuelle Fälle eingegangen werden kann, sofern diese eben in dem Regelwerk enthalten sind. Zwar kann das klassische Dilemma zwischen Gleichbehandlung aller Mitarbeitenden und Eingehen auf den Einzelfall (z. B. bei Urlaubsgenehmigungen) so auch nicht gelöst werden, aber dadurch, dass klare und für alle geltende Regeln bestehen, die in der Organisation ausgehandelt wurden, gibt es ein Entscheidungsraster, das solche Konflikte löst. Entscheidend sind dann die Gestaltung des Aushandlungsprozesses zur Schaffung solcher Regeln und die konsistente Anwendung der geschaffenen Regeln.

Die Entscheidungen müssen unvoreingenommen getroffen werden, d. h. man darf sich nicht durch sachfremde Erwägungen leiten lassen, sondern muss sich auf der Basis der objektivierbaren Kriterien eine Meinung bilden. Es darf dann keinen Spielraum geben für Erwägung aus Nähe oder Distanz heraus, also aus Sympathie oder Antipathie. Ist jemand durch Unzuverlässigkeit aufgefallen, so ist dies zu objektivieren (z. B. durch Zielverfehlungen) und dann auch ein Entscheidungsgrund gegen ein Home Office – nicht hingegen eine evtl. daraus resultierende Abneigung einer Führungskraft dem Mitarbeitenden gegenüber.

Ein gerechter Prozess muss zudem Korrekturmöglichkeiten enthalten, d. h. es muss die Möglichkeit geben, getroffene Entscheidungen bei neuen Tatsachen neu zu reflektieren und auch zu verändern. Ebenso sollte es die Möglichkeit geben, Entscheidungen hinterfragen zu können oder sogar bei höherer Stelle einen Einspruch einlegen zu können. Diese Einspruchsmöglichkeiten sollten wiederum auf objektivierten Tatsachen beruhen müssen und zudem sollten die Einspruchsmöglichkeiten in dem Regelwerk niedergelegt sein. Wird also z. B. Home Office abgelehnt und widerspricht dies (aus Sicht der Mitarbeitenden) den Regeln, so braucht es eine übergeordnete Instanz zur Klärung dieses Widerspruchs.

Durch die Anforderung der Repräsentativität wird sichergestellt, dass alle Betroffenen in die Entscheidungsfindung einbezogen wurden, d. h. dass eine Entscheidung mit den Mitarbeitenden auch diskutiert wird oder dass diese bei der Schaffung des Regelwerkes einbezogen wurden. Die Regularien in Bezug auf die Home Office-Gewährung sollten folglich in einem Diskurs mit der Belegschaft gestaltet werden, so dass man dabei alle Meinungen und Erwägungen einbeziehen kann.

Entscheidungen können nur dann als gerecht empfunden werden, wenn sie ethischen Maßstäben genügen, die im Umgang im Unternehmen und in der Gesellschaft berechtigterweise gefordert werden können.

Die Anforderung der Genauigkeit zielt darauf ab, dass Entscheidungen nicht auf vagen und unsicheren Informationen aufgebaut sein dürfen, um als gerecht empfunden zu werden, sondern klar und verlässlich sein müssen. Dies betrifft dann auch direkt die Frage der Leistungsmessung, die Basis für die Beurteilung des Mitarbeitenden ist.

Über die faire Gestaltung der Prozesse hinaus muss auch die Interaktion gerecht ausgestaltet werden. Dies schlägt sich in respektvollem und wertschätzendem Umgang miteinander nieder. Kriterien für das Operationalisieren sind neben den üblichen Formen der Höflichkeit im Umgang die Wahrhaftigkeit von Informationen, die Begründung von Entscheidungen, der Respekt vor der Person des Anderen und die Angemessenheit der Interaktion (Bies und Moag 1986).

Leistungsmessung

4

4.1 Grundlegende Ausführungen

Die Frage, wie eine Arbeitsleistung gemessen werden kann, beschäftigt Theorie und Praxis seit langem. Immer dann, wenn ein messbarer Output, wie z. B. Stückzahlen erzielt wird, scheint eine Messung möglich zu sein. Aber auch bei diesem einfachen Zusammenhang können zahlreiche externe Faktoren die Messung erschweren. Viel schwieriger ist die Messung dann, wenn der Output rein qualitativ ist. Man kann dann nicht mehr von Messung sprechen, was ein Grund für die Probleme von Anreizsystemen in der Verwaltung darstellt. Noch komplexer scheint es zu werden, wenn auch der direkte Kontakt zwischen Mitarbeitenden und Vorgesetzten eingeschränkt ist: Hier erfolgt dann ein scheinbarer Informationsverlust über das Anstrengungsniveau des Mitarbeitenden, weil man im Home Office eben nicht zeigen kann, dass man „bei der Arbeit ist". Dass dies nur ein scheinbarer Verlust ist, liegt auf der Hand, denn auch in der Arbeit kann man vorgaukeln, „bei der Arbeit zu sein".

Ein grundsätzlicher Zusammenhang von Leistung und Ergebnis lautet (Steiner und Landes 2017, S. 174 ff.):

$$\text{Output} = f\,(\text{Input})$$

Was in den Produktionsprozess hineingeben wird, bewirkt das, was als Ergebnis am Ende herauskommt.

Diese Funktion kann nahtlos auf die individuelle Situation eines Mitarbeitenden im Home Office übertragen werden. Für die Beurteilung der Leistung des Arbeitnehmenden muss ein systematischer Zusammenhang zwischen der Anstrengung (dem Aktivitätsniveau) und dem Output bestehen. Wir gehen davon

© Springer Fachmedien Wiesbaden GmbH, ein Teil von Springer Nature 2020
M. Landes et al., *Führung von Mitarbeitenden im Home Office, essentials,*
https://doi.org/10.1007/978-3-658-30053-1_4

aus, dass sich die Anstrengung von Mitarbeitenden in der Leistung niederschlägt. Diese Leistung bewirkt dann den Output.

Welche direkte Arbeit investiert man in eine Tätigkeit, wie viel Zeit verbringt man produktiv? Hier ergeben sich besondere Messprobleme, die sich aber auch in der Bürotätigkeit einstellen würden. Das Messen eines Inputs ist bei menschlicher Arbeit entweder gar nicht möglich (Forschungsleistung, kreative Denkprozesse) oder prohibitiv teuer und rechtlich unmöglich (z. B. als ständige Beobachtung der Aktivitäten durch einen Aufseher oder eine Kamera). Eine Leistung kann sich aus vielen Einzelbausteinen zusammensetzen, zu denen der Mitarbeitende nur einen (kleinen) Teil beiträgt. Zwar können hier mit technischen Mitteln Messungen durchgeführt werden (z. B. Klickraten am Computer), aber inwieweit solche Maßnahmen motivierend oder überhaupt rechtlich zulässig sind, mag dahingestellt bleiben.

Die Führungsarbeit wird durch das Home Office tendenziell erschwert, da der direkte Kontakt zu Mitarbeitenden abnimmt. Dem liegt die Hypothese zu Grunde, dass direkter Kontakt für einen Führungserfolg ein begünstigender Faktor ist. Allerdings ist zu bedenken, dass dies nur dann gilt, wenn das Führungsverhältnis von Mitarbeitenden positiv wahrgenommen wird. Ist dies nicht der Fall, kann Distanz sogar eine Leistungssteigerung ermöglichen, wenn die Mitarbeitenden dadurch weniger Kontakt mit der Führungskraft haben. Auf die Bedeutung der Führungsbeziehung weist Reinsch (1997) hin. Nach dessen Untersuchung kann sich das Führungsverhältnis mit der Dauer der Home Office-Arbeitsbeziehung verschlechtern, was mit einer größeren Isolation und emotionaler Distanz zum Unternehmen einhergehen kann.

Die zur Verfügung gestellten Betriebsmittel und Werkstoffe beeinflussen auch im Home Office die Leistung: Wie gut ist die elektronische Anbindung an das Unternehmensnetz? Wie werden die Betriebsmittel (Computer, Drucker) gewartet und wer stellt diese zur Verfügung? An wen kann man sich bei Störungen wenden? Wie funktioniert der Austausch physischer Akten?

Wie kann der dispositive Faktor, also die strategische Durchdringung, die Koordination durch Planung und die Kombination unterschiedlicher Kompetenzen in einem Unternehmen Wirkung entfalten, wenn die Mitarbeitenden nicht mehr physisch am gleichen Ort arbeiten? Ergibt sich hieraus überhaupt ein Problem oder anders ausgedrückt: Nimmt die Wirkung einer Strategie ab, wenn die Mitarbeitenden diese nicht ständig im Unternehmen „erleben"? Geht es um die Grundlagen von Führung und Zusammenarbeit, werden diese in der Tat „erlebt" und müssen daher auch für Mitarbeitende im Home Office erlebbar bleiben. Ebenso gilt es, mit den gebündelten Kompetenzen umzugehen. Es ist ein Unterschied, ob man im Büro nur eine Türe weitergehen muss, um sich Rat bei Kollegen einzuholen oder ob man dies über Distanz tun muss. Nutzt man die Möglichkeiten moderner Kommunikation und bedenkt man zudem, dass auch bei großen Unternehmen der direkte Kontakt zu Kompetenz-trägern in anderen Unternehmensbereichen gering ausfallen kann, so ist dies auch kein Grund für eine Beeinträchtigung der Leistung.

Verbleiben die externen Effekte. Diese können sich in familiären Aktivitäten, Freizeitbedürfnissen, Schlafbedarfen etc. niederschlagen und in der Tat einen Teil der eigentlichen Arbeitszeit einnehmen. Aber auch am Arbeitsplatz in der Organisation lassen sich solche Ablenkungen finden, wie die Zigarettenpause, die Gespräche in der Teeküche, das private Telefonieren. Auch die Einschränkungen der Produktivität durch die Gedanken an die noch zu erledigende Hausarbeit, die Hausaufgabenhilfe nach der Arbeit etc. wirken hier ebenso als externer Effekt. In Summe wird man feststellen müssen, dass die Wirkung dieser Effekte nicht mess-bar sein wird, weder im Home Office noch in der Büroarbeit.

Das Messen einer Leistung (Input) bzw. die Zurechnung zu einem Output trifft immer auf erhebliche Messprobleme. Versucht man eine Operationalisierung, so muss man die Arbeitszeit (z. B. Stunden) und die Arbeitsintensität (z. B. Anzahl von Anrufen, die ein Mitarbeitender im Callcenter entgegennimmt) und die Effizienz der Arbeitserledigung (können Probleme der Anrufenden gelöst werden) betrachten. Vereinfacht wird sich die Effizienz oftmals durch die Division der Intensität durch die Arbeitszeit ermitteln lassen. Dies lässt sich im Bereich von Callcentern durchaus messen, allerdings völlig unabhängig von der Frage, ob dies im Home Office oder im Büro erfolgt.

Oftmals sind die Ergebnisse gar nicht sicher vorhersagbar (probabilistisch), wie z. B. bei einem Kreativprozess mit offenem Ausgang oder wenn der Leistungsmaßstab raschen und/oder unvorhersagbaren Veränderungen unter-liegt. Die Leistungserstellung kann sich über lange Zeiträume erstrecken oder potenziell unendlich dauern, sodass eine Messung nur durch willkürliche Zeitein-teilungen möglich ist (und damit selbst wieder willkürlich ist).

Die Leistung der Mitarbeitenden hängt von sehr vielen Faktoren ab, wie z. B. der Ausbildung, der Leistungsbereitschaft und -fähigkeit, der emotionalen Ver-fassung, der Work-Life-Balance, der körperlichen und geistigen Gesundheit, der Einbindung in Leistungsstrukturen im Unternehmen, der Interaktion mit den Vorgesetzten, den nötigen Vorleistungen, den Betriebsmitteln, der Technik, den Produkten, der Unternehmenskultur etc. Diese Multikausalität macht die Leistungsmessung grundsätzlich sehr problematisch.

In den seltensten Fällen wird sich eine Leistung wirklich, ohne korrumpierende Einflussgrößen, messen lassen oder die Ausschaltung dieser Ein-flüsse gelingen. Selbst wenn man messen kann, wie viele Kubikmeter ein Maurer an einem Tag fertiggestellt hat, verbleiben immer noch Einflussgrößen, die den Output abseits der Arbeitsleistung beeinflusst haben können. Es sei nur das Wetter als Beispiel genannt.

Besonders problematisch wird es, wenn ein Output gar nicht gemessen werden kann, was in vielen Bereichen der Verwaltung und im Management der Fall ist. Hier ist der funktionale Zusammenhang zwischen Output und Anstrengung schon deshalb unbekannt, weil eine Messung unmöglich ist. Dies ist immer dann der Fall, wenn zwei Beurteilende desselben Sachverhaltes zu einer unterschiedlichen Einschätzung der Zielerreichung kommen können.

Zur Produktivität von Home Office-Arbeitsplätzen lassen sich viele Untersuchungen finden, die entweder eine Steigerung der Produktivität feststellen oder negative Effekte erkennen. So stellen Loy et al. (2003) bei einem Callcenter eine Steigerung der Produktivität bei Home Office-Mitarbeitenden von 154 % fest, während die Produktivität der im Büro Arbeitenden um 13,3 % zurückging, wobei insgesamt die Rate der unbeantworteten Anrufe von 12,2 % auf 3,6 % gefallen war. Es stellt sich die Frage, ob bei dem Rückgang der Produktivität der im Büro Arbeitenden Gerechtigkeitserwägungen bzw. das Gefühl der Ungerechtigkeit eine Rolle gespielt haben kann. Vielleicht war auch der Auswahlprozess der für ein Home Office Qualifizierten so gestaltet, dass man die vorher schon sehr produktiven Mitarbeitenden ausgewählt hat, was zu einem Rückgang der Produktivität in der verbleibenden Belegschaft geführt haben kann. Die für das Home Office Qualifizierten haben evtl. einen Motivationsschub erlebt, weil sie die Auswahlentscheidung durch besonders gute Leistung rechtfertigen wollten. Butler et al. (2007) zeigen, dass die Produktivitätssteigerung auch über eine längere Zeit andauert, dass diese Steigerung kein Artefakt der Auswahlentscheidung ist, aber widerlegen auch die Annahme, dass Home Office Absentismus verringern würde. Einen kritischen Blick auf die Produktivitätssteigerungen wirft u. a. Westfall (2004).

An dieser Stelle ist es nicht möglich, einen umfassenden Überblick über die Literaturlage zu geben. Man kann nur festhalten, dass die Messung des Outputs und des Inputs in vielen Bereichen eine erhebliche Schwierigkeit darstellt, völlig unabhängig vom Ort der Arbeitserbringung. Dies gilt schon in solchen Bereichen, in denen ein zählbarer Output erwirtschaftet wird, wie z. B. die Anzahl angenommener Anrufe, wo aber auch nicht sichergestellt werden kann, dass die Anliegen der Anrufenden erfüllt wurden. Erheblich schwieriger ist die Leistungsmessung in vielen Büro- und Verwaltungsbereichen und fast ausgeschlossen in kreativen Prozessen. Dies kann aber kein Argument gegen ein Home Office sein, da es eben auch am Arbeitsplatz im Büro nicht anders wäre: Das konstante Überwachen einer Arbeitsleistung ist vielfach völlig unmöglich und wäre auch kontraproduktiv.

4.2 Methoden der Leistungsmessung

Abzählbare Größen können durch Messung bestimmt werden (Steiner und Landes 2017). Eine weitgehende willkürfreie Messung ist möglich bei physikalischen Größen, wie z. B. Stückzahlen. Die Messung von Zeiten über Zeiterfassungssysteme ist ebenso möglich, kann aber manipuliert werden. Dies hängt vom Messinstrument ab (Stechuhr, digitale Erfassung, Selbstaufschreibung). Messbar sind auch Größen, die direkt auf beobachtbare Zahlungsströme abstellen (Cash Flows, Umsatz). Derivative Größen sind zwar ebenfalls messbar, können aber aufgrund von bestimmten Regeln verzerrt werden (z. B. Gewinnziffern wegen des Vorsichtsprinzips im Handelsrecht). Wird bei der Auswertung nur eine Stichprobe vorgenommen (z. B. Messung der Qualität anhand der Gut-Teile), muss diese Stichprobe repräsentativ sein.

Bei der kennzahlenbasierten Messung muss man auf indirekte Leistungs-indikatoren abstellen. Typisch ist dies in Fällen, in denen eine qualitative Leistung erbracht werden soll, wie z. B. Beratungsleistungen oder eine Service-leistung. Mögliche Indikatoren für Servicequalität sind z. B. Wartezeiten, Beschwerden, Falschauskünfte. Probleme tun sich bei der Auswahl der Kenn-zahlen auf. Wird hier nicht objektiv das gemessen, was für die Beurteilung der Leistung wichtig und in die Disposition der Mitarbeitenden gestellt ist, ist die ganze Erhebung sinnlos.

Weiterhin droht das Zurechnungsproblem eine Messung sinnlos zu machen. Kann man Beschwerden auf bestimmte Mitarbeitende zurechnen? Oder ist es eher eine Gesamtunzufriedenheit, die den Kunden zu einer Reklamation ver-anlasst?

Hilfreich kann es sein, wenn Kennzahlen im Rahmen von Zielprozessen gemeinsam mit den Mitarbeitenden gesucht, festgelegt und Messgrößen definiert werden. Dieser komplexe Prozess kann ein hohes Maß an Motivation entfalten.

Bei der Leistungsbeurteilung unternimmt die Führungskraft eine Bewertung der (Arbeits-) Leistung von Mitarbeitenden. Diese Beurteilungsmethode kann in sehr vielen Bereichen eingesetzt werden. Bei einer Leistungsbeurteilung kann die Führungskraft neben dem Output auch (partiell) den Input beurteilen, also inwiefern Mitarbeitende sich zur Erzielung des Outputs angestrengt haben. Dieses Verfahren ist kostengünstig, lässt sich in bestehende Jahresgespräche integrieren und kann dort Grundlage für einen Austausch sein (Breisig 2003, S. 139 f.). Allerdings ist dieses Verfahren von vielfältigen Einflüssen geprägt, die nichts mit der Arbeitsleistung der Mitarbeitenden zu tun haben: Welche Fähig-keiten zur Beurteilung hat die Führungskraft? Welche fachliche Qualifikation ist gegeben, um das Ergebnis beurteilen zu können? Wie viele Mitarbeitende müssen bewerten werden? Wie viel Zeit hat man für die Bewertung?

Gerade bei Mitarbeitenden im Home Office ist es essentiell, gemeinsam klare Zielvereinbarungen zu treffen, regelmäßige Feedback-Gespräche zu führen und sich ausreichend Zeit für die Vorbereitung und Durchführung von Mitarbeiterjahresgesprächen zu nehmen.

Feedback durch die Führungskraft kann auf vielerlei Weise transportiert werden (zu den folgenden Ausführungen vgl. Landes und Steiner 2013). Neben Anerkennungs- und Kritikgesprächen gehören in vielen Unternehmen formalisierte regelmäßige und verbindliche Beurteilungs- bzw. Mitarbeitergespräche zum Kanon der Personalentwicklungsmaßnahmen. In der Bezeichnung der Maßnahme wird meist nicht inhaltlich präzise und trennscharf unterschieden zwischen einer Personalbeurteilung und einer Rückmeldung über Wirkungen des Verhaltens. Oft sind diese Maßnahmen auch mit Leistungsbewertungen und der Festlegung von Prämien und Bonuszahlungen verknüpft. Das wichtige Instrument des Feedbacks der Führungskraft an den Mitarbeitenden trägt also viele Namen (z. B. Beurteilungsgespräch, Mitarbeitergespräch, Mitarbeiterjahresgespräch, Feedbackgespräch), die nicht durchgängig und einheitlich verwendet werden.

Lange hatten Beurteilungsgespräche den Charakter der Verkündung einer objektiv feststellbaren Tatsache. Inzwischen geht es immer mehr darum, in einen Dialog mit den Mitarbeitenden zu treten, Rückmeldung zu dem Verhalten zu geben, aber auch als Führungskraft Rückmeldung zum eigenen Verhalten zu erfahren. Es ist ein Gespräch auf Augenhöhe zwischen gleichberechtigten Partnern.

In der Unternehmenspraxis werden Mitarbeitergespräche oft mit Zielvereinbarungen verbunden oder in ein Mitarbeiterjahresgespräch integriert. Im Folgenden wird auf die Beurteilung als Gesprächsbestandteil unter dem Aspekt des Feedbacks eingegangen.

Im Rückmeldegespräch sollten unabhängig von der Art der Beurteilung generelle Gesprächscharakteristika wie Offenheit, Vertrauen, (aktives) Zuhören, angenehme Umgebung und eine angemessene Körpersprache gelten.

Um ein Feedbackgespräch erfolgreich führen zu können, bedarf es einer expliziten Vorbereitung der Mitarbeitenden aber auch der Führungskraft.

Folgende Fragen dienen als Anhaltspunkte für eine fundierte Vorbereitung bei einer freien Beurteilung:

- Welche Entwicklungen, besonderen Ereignisse und Prioritäten waren in der vergangenen Periode wichtig?
- Wie wurde der Zeitraum von den Beteiligten erlebt?

- In welchem Maße wurden vereinbarte Ziele erreicht?
- Welche Rahmenbedingungen oder äußeren Umstände haben dazu geführt, dass Ziele nicht erreicht wurden?
- Welche besonderen Leistungen sind zu berücksichtigen?
- Mit welchen Beispielen lässt sich die persönliche Einschätzung belegen?
- Wie hat sich das Leistungsverhalten entwickelt?
- Worin liegen Stärken, welche Entwicklungspotenziale gibt es?
- Welchen Einfluss hat das Arbeitsklima auf die Leistungen?
- Wie hat sich der Home Office-Arbeitsplatz auf Motivation und Leistung ausgewirkt?
- Wie funktioniert die Kommunikation mit Kolleginnen und Kollegen und Vorgesetzten?
- Aus Sicht des Mitarbeitenden: Wie wird die Zusammenarbeit mit der Führungskraft bewertet?
- Fühlt sich der Mitarbeitende ausreichend integriert?
  (vgl. Kießling-Sonntag 2000, S. 231)

Die Mitarbeitenden sollten über die Dauer des Gesprächs und die Agenda informiert sein. Gerade bei schwierigen Beurteilungs-Gesprächen muss zeitlich großzügig geplant werden. Positive Verhaltensweisen und gute Leistungen der Mitarbeitenden sollten als Gesprächseinstieg thematisiert werden. Die bedrohliche Anmutung des Gesprächs kann dadurch abgemildert werden, dass die Mitarbeitenden zunächst nach der Selbsteinschätzung und eigenen Priorisierungen in der Beurteilungsperiode gefragt werden. Schließlich erfolgt die Abgleichung von Selbst- und Fremdeinschätzung. Anerkennung und Kritik sollten wertschätzend ausgedrückt werden. Hier empfiehlt es sich, nach der Methode Wahrnehmung – Wirkung – Wunsch vorzugehen. Das kritisierte Verhalten wird beschrieben, die Wirkung dieses Verhaltens auf die Führungskraft oder auf relevante andere Personen beleuchtet und eine Zielvorstellung von künftigem Verhalten diskutiert. Dabei sollten den Mitarbeitenden hohe Redeanteile zugestanden werden und auch hier sollte es ihnen überlassen werden, ob das Feedback akzeptiert wird. Um einen Perspektivwechsel zu vollziehen und einem hierarchischen Charakter eines Gesprächs zwischen Feedback-Geber und –Nehmer entgegenzuwirken, sollten Mitarbeitende die Möglichkeit haben, sich zu seiner Einschätzung der Zusammenarbeit mit der Führungskraft, möglichen Kritikpunkten und Verbesserungsmöglichkeiten zu äußern. Es erfolgt idealerweise eine Einigung über die Art und Weise der zukünftigen Zusammenarbeit und über Ansatzpunkte der Verhaltensanpassung oder -änderung auf beiden Seiten. Beide Parteien bekommen die Möglichkeit, die wichtigsten Punkte des Gesprächs zusammenzufassen. Die Führungskraft sorgt für einen positiven Abschluss des Gesprächs und betont eventuell die Wichtigkeit des offenen Austausches und der gegenseitigen Rückmeldung. Je nach Art und Zielsetzung des Gespräches sind auch Zielvereinbarungen o.ä. Bestandteil des Gespräches. Nach dem Gespräch sollte die Führungskraft Mitarbeitende und deren Arbeitsmotivation sensibel beobachten und gegebenenfalls ein weiteres Gespräch ansetzen.

Findet ein solches Gespräch institutionalisiert in einem jährlichen Turnus statt, sind typische (zusätzliche) Themen der Rückblick auf Aufgaben, Projekte und Ziele des vergangenen Jahres, Stärken und Entwicklungspotenziale des Mitarbeitenden, Rückmeldung über die Zusammenarbeit mit der Führungskraft und eventuell anderen Einheiten der Organisation, die Vereinbarung von Zielen und Kriterien zur Zielerreichung für das kommende Jahr sowie über benötigte Ressourcen und geplante Entwicklungsmaßnahmen.

Feedback ist ein wichtiges Instrument der Personalentwicklung. Es sollte aber in seiner Macht nicht unterschätzt und mit Bedacht eingesetzt und durchgeführt werden.

Folgende Regeln sollten im Kontext des Mitarbeitergesprächs beachtet werden (vgl. Kals 2006, S. 93; zum Überblick Muck und Schuler 2004):

- Gute Vorbereitung vor allen in Bezug auf negative Kritik (Was soll Ziel der Rückmeldung sein?)
- Verwendung von konkreten und verhaltensnahen Formulierungen, Nennung von Beispielen
- Direktes Ansprechen der Mitarbeitenden, Halten von Blickkontakt
- Schilderung des persönlichen Eindrucks
- Trennung von beschreibenden und bewertenden Rückmeldungsaspekten
- Einschluss negativer und positiver Elemente
- Schaffung einer entspannten Atmosphäre
- Dialogische statt monologische Gesprächsführung
- Gemeinsame Auswertung, Einigung auf Optimierungsmaßnahmen
- Förderung einer non-aggressiven kooperativen Feedback-Kultur
- Im Idealfall Ermöglichung sozialer Umkehrbarkeit (auch Vorgesetzte erhalten Feedback)

Führung im Home Office

5

Führung von Mitarbeitenden im Home Office stellt besondere Anforderungen an die Führungskräfte. Die Situation ist mit der von virtuellen Teams vergleichbar.

Remdisch (2005) formuliert folgende potenzielle Nachteile virtueller Teams, die auch auf Individuen im Home Office zutreffen können:

- geringere Identifikation mit der Organisation/dem Team
- Unsicherheit bzgl. Aufgaben, Rollen, Verantwortlichkeiten, Prioritäten
- Aufbau von Vertrauen ist schwierig
- Gefühl der Isolation
- Abhängigkeit von Informations- und Kommunikations-Technologie
- Schwierigkeit des Leistungs-Feedbacks
- Missverständnisse und Konflikte entstehen schneller

Aufgrund von räumlicher Distanz kann Verhalten nicht direkt beobachtet werden und Emotionen sind schwerer erkennbar und interpretierbar.

Grundvoraussetzungen einer virtuellen Führungskraft sehen die Autoren (ebd.) in einem niedrigen Kontrollbedürfnis bzw. hoher Vertrauensbereitschaft, in einer partizipativen Orientierung, in einer Sensibilität, Bedürfnisse der Mitarbeitenden auch ohne direkten persönlichen Kontakt zu erkennen, in technischer Kompetenz sowie Medienkompetenz, in der Fähigkeit, eine motivierende Vision und klare Zielsetzungen zu formulieren und in der Fähigkeit, konstruktives Feedback zu geben – auch auf Distanz.

Wie in der Einleitung bereits ausgeführt, sollte die Selbstführung der Mitarbeitenden gefördert werden und Raum für Entwicklungen geschaffen werden.

© Springer Fachmedien Wiesbaden GmbH, ein Teil von Springer Nature 2020
M. Landes et al., *Führung von Mitarbeitenden im Home Office*, essentials,
https://doi.org/10.1007/978-3-658-30053-1_5

Die Führungskraft ist eventuell in den wichtigen Prozess, für das Home Office geeignete Mitarbeitende zu identifizieren, eingebunden. Die Kriterien aus Tab. 5.1 können für die Auswahl als Anhaltspunkt dienen.

Sind geeignete Mitarbeitende identifiziert und ausgewählt, folgt die wichtige Phase der Kommunikation über die Ausgestaltung des Arbeitens im Home Office. Die Führungskraft vermittelt die Rahmenbedingungen und gegenseitige Erwartungen werden geklärt. Regelmäßige Termine zur Evaluation der Zusammenarbeit über Distanz werden vereinbart.

Der Führungskraft obliegen selbstverständlich auch bei Mitarbeitenden im Home Office folgende Führungsaufgaben:

Tab. 5.1 Checkliste Eignung

Eignung für das Arbeiten im Home Office
Freiwilligkeit: Ist der oder die Mitarbeitende bereit, im Home Office zu arbeiten?
Motivationsstruktur: Ist der oder die Mitarbeitende ein leistungsmotivierter Typ? Oder: Sieht der machtmotivierte Typ das Home Office als herausragende Stellung in der Organisation und als Möglichkeit, zu gestalten?
Persönlichkeitseigenschaft „Gewissenhaftigkeit": Arbeitet die Person gewissenhaft?
Persönlichkeitseigenschaft „soziale Verträglichkeit": Neigt der oder die Mitarbeitende zu zwischenmenschlichem Vertrauen, zur Kooperativität und zur Nachgiebigkeit?
Persönlichkeitsmerkmal „Ehrlichkeit": Zeichnet sich der oder die Mitarbeitende durch ehrliches Verhalten aus?
Kompetenz „Selbstführung": Verfügt der oder die Mitarbeitende über die erforderlichen Kompetenzen im Bereich Selbstführung? Können die Kompetenzen aufgebaut/erworben werden?
Kompetenz „Zeitmanagement": Verfügt der oder die Mitarbeitende über die erforderlichen Kompetenzen im Bereich Zeitmanagement? Können die Kompetenzen aufgebaut/erworben werden?
Bereitschaft, Feedback anzunehmen: Ist der oder die Mitarbeitende bereit, Feedback anzunehmen?
Fachliche Kompetenz: Verfügt der oder die Mitarbeitende über die erforderlichen fachlichen Kompetenzen, um die Aufgaben selbstständig und ohne Anleitung verrichten zu können?
Fähigkeit, eigene Grenzen zu akzeptieren: Verfügt der oder die Mitarbeitende über die erforderlichen Fähigkeiten, eigene Grenzen erkennen zu können und sich nicht zu überfordern? (workaholic)?

- Information und Kommunikation
- Vermittlung der Strategie und Vision
- Vereinbarung von Zielen und Kontrolle der Zielerreichung
- Delegation von Aufgaben
- Feedback
- Förderung der Mitarbeitenden und Entwicklung des Teams
- Motivation der Mitarbeitenden

Remdisch (2005) sieht als zentrale Herausforderungen der Führungskraft das Aufbauen von Vertrauen über die Distanz. Dies kann unter anderem gefördert werden durch: Informationsaustausch und Fördern von Interaktion (nicht nur aufgabenbezogene, sondern auch soziale Kommunikation), konstruktive Kommunikation von Misserfolgen und Vermittlung des Lernpotenzials, Nutzung von Aufgabenkonflikten, um kreative Lösungen zu finden.

Information und Kommunikation
Hier sollte dem Media-Richness-Konzept gefolgt werden und die Art und Weise der Kommunikation und das gewählte Medium an die Phasen der Zusammenarbeit angepasst werden.

In der Anfangsphase sind hohe Unmittelbarkeit von Feedback, möglichst synchrone Kommunikation, geringe zeitliche Verzögerungen und hoher Symbolgehalt (viele Informationen zusätzlich zur reinen Nachricht, z. B. mimische Hinweise, Klang der Stimme) hilfreich, um die Sozialisation und Zusammenarbeit zu fördern. Geeignet sind hier z. B. face-to-face-Meetings, Telefon- und Videokonferenzen. Auch eine gute Nachbereitungsmöglichkeit, z. B. eine Net Meeting-Aufzeichnung, ist sinnvoll.

Aufgaben der Führungskraft sind vor allem die Unterstützung effektiver Kommunikation, Bereitstellung der Tools, Sicherstellung der Anwendungskompetenz, Festlegen von Regeln, Ablauf und Struktur (z. B. „Netiquette", Kommunikationsregeln) (Remdisch 2005).

Vermittlung der Strategie und Vision
Der Erfolg der Zusammenarbeit besteht wie auch in anderen Führungssituationen maßgeblich in der verständlichen Kommunikation der Vision, der Ziele und des Sinns. Sinek (2009) weist mit seinem Modell des Golden Circle darauf hin, dass es für das menschliche Handeln essentiell ist, genau zu wissen, warum man etwas tun soll. Im Zentrum seines Modells steht die Ebene des Warum, welches das Wesen, das Ziel und den Sinn eines Verhaltens oder eines Prozesses ausmacht. Im nächsten Ring steht das Wie, indem beispielsweise Techniken und Methoden verortet sind.

Der äußerste Kreis stellt das Was dar, wodurch definiert wird, welche Prozesse konkret angegangen werden. Trotz der essentiellen Bedeutsamkeit des Warum in der Mitarbeiter-Kommunikation kann dieses Thema von Führungskräften meist am wenigsten erklärt werden (Hunert et al. 2012).

Delegation von Aufgaben
Die Führungskraft muss besonders auf Distanz Arbeitsaufgaben präzise strukturieren und dafür sorgen, dass Ziele, Aufgaben und Verantwortlichkeiten klar sind.

Sie muss die Transparenz des Arbeitsprozesses sicherstellen, Möglichkeiten der Kooperation schaffen, Entscheidungsspielraum sicherstellen und Selbstorganisation fördern (Remdisch 2005).

Förderung und Entwicklung
Die Führungskraft ist auch über Distanz für die Entwicklung der Mitarbeitenden verantwortlich. Die Entwicklung der Mitarbeitenden stärkt das Vertrauen in die Führungskraft und fördert die Passung zwischen persönlichen Entwicklungs- und Unternehmenszielen und minimiert negative Effekte von Anonymität.

Aufgaben der virtuellen Führungskraft sind es, individuelle Bedürfnisse, Fähigkeiten und Ziele der Teammitglieder zu erkennen und zu berücksichtigen, Entwicklungsmaßnahmen zu planen und gezielt umsetzen, zu prüfen, ob Mitarbeitende über- oder unterfordert sind und Feedback zu geben sowie eine Leistungsbeurteilung durchzuführen (ebd.).

Besonders wichtig, um die Identifikation zu fördern und gleichzeitig besonders herausfordernd ist es, eine Organisationskultur über Distanz aufzubauen. Dies kann durch die optimale Wahrnehmung der Führungsaufgaben gefördert werden. Unbedingt erforderlich sind darüber hinaus persönliche Kontakte und Zusammenkünfte in Form von Meetings, Gesprächen und Firmen-Events.

Rechtliche Aspekte
Derzeit gibt es in Deutschland noch kein Gesetz zum Arbeiten im Home Office, das die Rahmenbedingungen verbindlich regelt. Auch ohne explizites Gesetz gibt es eine Reihe von rechtlichen Aspekten, die der Arbeitgeber beachten muss.

Diese sind (ohne Anspruch auf Vollständigkeit):

- Arbeitsschutz
- Kostenerstattung
- Zeitkontrolle

- Datenschutz
- Umgang mit Low Performern: Widerrufsvorbehalt für den Fall schlechter Leistungen oder bei Nicht-Einhaltung von Vorgaben das Home Office betreffend
- Home Office Policy als Betriebsvereinbarung
- Beschränkung auf Deutschland: Arbeiten vom Ausland aus kann mit steuerlichen Konsequenzen verbunden sein.

Volle Rechtssicherheit gibt es beim Thema Home Office bis dato nicht. Es wird dringend empfohlen, sich hier individuell juristisch beraten zu lassen.

Vorbereitung, Qualifizierung und Unterstützung

6

6.1 Vorbereitung und Qualifizierung der Führungskräfte

Das Arbeiten mit dezentralen Teams bietet viele Chancen, bringt jedoch auch viele Unwägbarkeiten mit sich, über die Führungskräfte und Mitarbeitende informiert sein sollten. Zunächst gilt es, zu eruieren, ob für jeden einzelnen Mitarbeitenden im Home Office das geeignete Arbeitsumfeld zur Verfügung steht. Die Checkliste in Tab. 6.1 hilft dabei, die wichtigsten Aspekte in Hinblick auf das Arbeitsumfeld zu beleuchten.

Das Führen von dezentralen Teams hat viel mit Vertrauen zu tun. Zudem ist es für Führungskräfte wichtig, für alle Mitarbeitenden individuelle Vorbereitungen für die Arbeit im Home Office zu treffen, um die jeweiligen Erwartungen und Rahmenbedingungen auf beiden Seiten zu klären.

Dies geht einher mit der Unternehmenskultur, die durch die Führungskräfte gepflegt wird. Es ist zu hinterfragen, welche „Gewohnheiten" es im Unternehmen im Hinblick auf selbstständiges und vertrauensvolles Arbeiten gibt, welche Feedbackkultur gelebt wird und wie die Mitarbeitenden bisher damit umgegangen sind, ihre Arbeitszeit flexibel und bedarfsgerecht zu gestalten.

Idealerweise hat das Unternehmen eine allgemeine Home Office-Vereinbarung. Gleichzeitig sollten jedoch individuell (schriftliche) Vereinbarungen zwischen der Führungskraft und den im Home Office arbeitenden Mitarbeitenden getroffen werden. Wichtige Inhaltspunkte dieser Vereinbarungen sind in Tab. 6.2 dargestellt.

Die Individualität hinsichtlich dieser Vereinbarungen ist enorm wichtig, weil die Mitarbeitenden ihre Arbeit im Home Office unterschiedlich gestalten werden. Zwischen Mitarbeitenden, die regelmäßig Anweisungen und Unterstützung

© Springer Fachmedien Wiesbaden GmbH, ein Teil von Springer Nature 2020
M. Landes et al., *Führung von Mitarbeitenden im Home Office*, essentials,
https://doi.org/10.1007/978-3-658-30053-1_6

Tab. 6.1 Checkliste Arbeitsumfeld

Was?	Wie?	ok
Hat der oder die Mitarbeitende einen geeigneten Platz zum Arbeiten in seiner Wohnung?		
Kann er oder sie dort in der vorgegebenen Arbeitszeit ungestört arbeiten?		
Wenn nicht, welche Alternativen gibt es?		
Benötigt er oder sie einen Internetanschluss?		
Wenn ja, gibt es genügend Bandbreite?		
Ist eine sichere Datenverbindung notwendig?		
Benötigt der oder die Mitarbeitende weitere IT-Infrastruktur? (z.B. Drucker, zusätzlicher Telefonanschluss)		
Wie lauten die Datenschutzbestimmungen des Unternehmens?		
Wie wird sichergestellt, dass diese eingehalten werden?		

Tab. 6.2 Inhalte einer typischen Vereinbarung

Anwesenheitspflichten und Erreichbarkeiten
Pausenzeiten
Projektlaufzeiten
Zielvereinbarungen über die Arbeitsinhalte
Kommunikationsfrequenz und Art der Kommunikation
Berichtswesen/Dokumentation

benötigen und anderen, die komplett selbstständig und eigenverantwortlich arbeiten, werden unterschiedliche Ausprägungen vorliegen.

Bei der Einschätzung der unterschiedlichen Bedürfnisse sind folgende Fragen hilfreich:

- Wie selbstständig arbeitet der oder die Mitarbeitende?
- In welcher Zeit erledigt der oder die Mitarbeitende die gestellten Aufgaben?
- Welche Hilfestellungen nimmt er dabei in Anspruch?
- Welche beruflichen und privaten Ziele gibt es?
- Welche Ziele müssen mit ihm vereinbart werden?
- Wie häufig und auf welche Weise kommuniziert die Führungskraft mit dem oder der Mitarbeitenden?
- Wie viel Kontakt hat der oder die Mitarbeitende zu seinen direkten Kolleginnen und Kollegen?

Die Ergebnisse lassen Rückschlüsse auf die Bedürfnisse der jeweiligen Mitarbeitenden zu. Folgende Maßnahmen unterstützen die Ausarbeitung persönlich zugeschnittener Vereinbarungen:

- individuelle Anpassung der Kommunikationsfrequenz
- Vereinbarungen für regelmäßige Face-to-face Meetings
- Angebot individueller Hilfestellungen
- genaue Definition von Aufgaben und Zielen
- individuelle Formulierung von Erwartungen
- regelmäßige Überprüfung der Ergebnisse
- bedarfsorientierte Steuerung der Kommunikation im Team

Manchen Führungskräften ist nicht ausreichend bewusst, wie wichtig die Kommunikation innerhalb eines Teams ist. Für Mitarbeitende im Home Office kann es schwierig sein, auf dem Laufenden zu bleiben. Es gibt keine „Kaffeeküchen-Gespräche" und keinen direkten Kontakt zum Team. Umso wichtiger ist es, dass die Führungskraft Anregungen gibt und Möglichkeiten schafft, die teaminterne Kommunikation aufrecht zu erhalten. Dies kann entweder durch regelmäßige Meetings oder auch durch Video- oder Telefonkonferenzen geschehen. Der Ablauf sollte dabei so interaktiv wie möglich gestaltet sein, damit sich alle Teammitglieder aktiv einbringen können.

6.2 Vorbereitung und Unterstützung der Mitarbeitenden

Idealerweise werden alle Mitarbeitenden, denen ein Home Office-Arbeitsplatz ermöglicht werden soll, auf verschiedene Situationen vorbereitet, die sie im Home Office erwarten können.

Zunächst sollte das Arbeitsumfeld so gestaltet werden, dass die Mitarbeitenden annähernd so arbeiten können, wie in einer zentralen Büroumgebung. Die Checkliste aus Tab. 6.3 hilft den Mitarbeitenden, die wichtigsten Aspekte zum Arbeitsumfeld zu beleuchten.

Eine wesentliche Rolle im Home Office spielt die „Selbstorganisation". Diese beinhaltet die optimale Organisation des Arbeitsplatzes, die Priorisierung von Aufgaben und das Erstellen von Zeitplänen.

Tab. 6.3 Checkliste Arbeitsumfeld

Was	Wie	ok
Haben Sie einen geeigneten Platz zum Arbeiten in Ihrer Wohnung?		
Können Sie dort in der vorgegebenen Arbeitszeit ungestört arbeiten?		
Wenn nicht, welche Alternativen gibt es?		
Benötigen Sie einen Internetanschluss?		
Wenn ja, steht genügend Bandbreite zur Verfügung?		
Welche anderen Anpassungen müssen vorgenommen werden?		
Benötigen Sie weitere IT-Infrastruktur? (z.B. Drucker, zusätzlicher Telefonanschluss)		
Haben Sie eine geeignete Büroeinrichtung?		
Wenn nicht, wie können Sie diese beziehen?		
Wie erhalten Sie Büromaterial? (z. B. Papier, Verbrauchsmaterial)		

Dabei helfen den Mitarbeitenden folgende Fragen:

- Welche Deadlines und Terminvorgaben liegen vor?
- Welche Aufgaben müssen priorisiert werden, welche können zu einem späteren Zeitpunkt erledigt werden?
- Kann ich alle Aufgaben selbsttätig erledigen, oder benötige ich Unterstützung?
- Gibt es andere Einflüsse auf meine Aufgaben?

Ein entscheidender Faktor für ein erfolgreiches Arbeiten im Home Office ist das häusliche Umfeld, wie etwa die Familie oder Mitbewohner, und andere Einflüsse von außen. Den Mitarbeitenden muss klar sein, dass es essentiell wichtig ist, das persönliche Umfeld auf die Arbeit im Home Office vorzubereiten. Alle Protagonisten müssen wissen, dass der Mitarbeitende nicht „zuhause" und damit verfügbar ist, sondern den Arbeitsplatz in die eigenen vier Wände verlegt hat. Vor allem mit Kindern im Haushalt müssen klare Regeln vereinbart werden. Arbeits- und Pausenzeiten müssen festgelegt werden, damit klar definiert ist, wann die im Home Office arbeitende Person für das Umfeld erreichbar ist und wann nicht. Neben den im Haushalt lebenden Personen kann es auch durch externe Einflüsse zu Beeinflussungen im Arbeitsumfeld kommen. So können z.B. Baustellen Lärm verursachen, was ein entspanntes und effektives Arbeiten nicht möglich macht. Hier ist es anzuraten, temporär auf einen anderen Arbeitsplatz, wie das zentrale Büro auszuweichen oder kurzzeitig Open Space-Arbeitsplätze anzumieten.

6.3 Onboarding von neuen Mitarbeitenden

Mit dem Angebot von Home Office-Arbeitsplatz kann man sich als attraktiver Arbeitgeber präsentieren und zugleich die Anzahl der potenziellen Mitarbeitenden erhöhen, da auch an andere Orte gebundene Bewerber rekrutiert werden können.

Ein besonderes Augenmerk muss auf die Einarbeitungsphase neuer Mitarbeitender gelegt werden. Ein individueller Einarbeitungsplan hilft dabei, strukturiert auf die Tätigkeit im Home Office vorzubereiten. Von Anfang an sollte die Führungskraft mit neuen Mitarbeitenden Arbeits- und Erreichbarkeitszeiten, Ziele, Kommunikationsfrequenz, Kommunikationswege, sowie die Unternehmensphilosophie klar kommunizieren. Neue Mitarbeitende sollten so schnell wie möglich ein Zugehörigkeitsgefühl zum Unternehmen bekommen.

Sofern die Möglichkeit besteht, sollten die ersten Tage oder Wochen (abhängig von der Art und Komplexität der Tätigkeit) im zentralen Büro verbracht werden. Neben der technischen Ausstattung sollten auch bereits die Kommunikationsmöglichkeiten, wie Telefonnummer und Mailadresse vorbereitet sein. Ein Vorstellungsrundgang gibt neuen Mitarbeitenden nicht nur einen ersten Eindruck, sondern auch die Möglichkeit, erste Kontakte zu knüpfen. Ein direkter Zugang zu den Kollegen, mit denen neue Mitarbeitende später zusammenarbeiten werden, ist immens wichtig.

Eine bewährte Methode der Einarbeitung ist es, die Betreuung durch ein erfahrenes Teammitglied sicher zu stellen, etwa durch die Bestellung eines „Paten". Diese Funktion kann übernommen werden, nachdem die ersten Schritte der Begrüßung und Einarbeitung von der Führungskraft getätigt wurden. Wenn die Paten gut vorbereitet wurden, wird die Führungskraft entlastet. Für neue Mitarbeitende bietet diese Form der Einarbeitung die Chance, schneller in ein Team integriert zu werden.

Best Practice

7.1 Praxisbeispiel Compart AG

Die Compart AG ist ein mittelständisches Unternehmen in Böblingen und gehört zu den Marktführern von Software für das Dokumentenmanagement. Da im Großraum Böblingen mehrere Großfirmen ansässig sind, herrscht dort ein akuter Fachkräftemangel. Aus diesem Grund hatte sich die Geschäftsleitung im Jahr 2010 entschlossen, jedem Mitarbeitenden fünf Tage Home Office pro Jahr zu ermöglichen. Die Mitarbeitenden mussten damals formlos einen Antrag an ihren zur Entscheidung befugten Vorgesetzten stellen. Im Jahr 2016 stellte Compart dann die Philosophie von „let it happen" auf „make it happen" um. Es wurde eine klare dreistufige Regelung für alle Mitarbeitenden geschaffen. In der ersten Stufe wurden für alle Mitarbeitenden die frei wählbaren Tage von fünf auf achtzehn pro Jahr aufgestockt. Zukünftig sind 24 Tage angedacht. Die zweite Stufe besteht darin, dass Mitarbeitende in der Entwicklungsabteilung auch einen festen Arbeitstag pro Woche als Home Office-Tag beantragen können. Die dritte Stufe (hauptsächlich Arbeit im Home Office) wurde aufgrund des regionalen Fachkräftemangels eingeführt. So konnten z. B. internationale Mitarbeitende aus der Softwareentwicklung wieder in ihre Heimatländer ziehen, ohne den Job bei Compart zu verlieren. Die einzige Einschränkung dafür ist, dass die IT-Systeme wie z. B. die Internetverbindung ausreichend gut vorhanden sein müssen. Außerdem haben diese Mitarbeitenden einmal pro Quartal eine einwöchige Anwesenheitspflicht. Somit verlieren sie nicht ihre sozialen Kontakte in der Firma.

Eine Grundvoraussetzung für diese Home Office-Regelungen waren auch organisatorische Änderungen durch Compart. So wurden alle Besprechungsräume mit Videokonferenztechnik ausgestattet, außerdem werden Einladungen

M. Landes et al., *Führung von Mitarbeitenden im Home Office*, essentials,
https://doi.org/10.1007/978-3-658-30053-1_7

zu Meetings immer gleichzeitig auch als Einladung zu einer Videokonferenz versendet. Hier ist zu bedenken, dass es nicht nur ein technisches Umdenken gegeben hat, sondern die einzelnen Protagonisten auch die Tatsache akzeptieren mussten, dass nicht alle Teilnehmenden in Meetings physisch anwesend sind. Es gibt keine Präsenzpflicht.

Neben den technischen Voraussetzungen, die am Home Office-Arbeitsplatz erfüllt sein müssen, gibt es auch mentale Voraussetzungen für die Mitarbeitenden. Diese müssen sich in der Lage fühlen, das ihnen entgegengebrachte Vertrauen zu bestätigen. Damit hat Compart bisher sehr gute Erfahrungen gemacht. Schon bei der Rekrutierung wird darauf geachtet, dass die neu einzustellenden Personen „Home Office-tauglich" sind. Laut Aussage des CEO funktioniert Home Office nur mit Vertrauen. Die Führungskräfte haben die Anweisung, dafür zu sorgen, dass die Mitarbeitenden nicht zu viel arbeiten und ihre Arbeitszeiten nicht überschreiten.

Bezüglich der Arbeitszeit können die Mitarbeitenden von Compart sehr flexibel agieren. Es gibt keine Zeiterfassung, sondern eine Vertrauensarbeitszeit. Die Erreichbarkeit im Home Office sollte während der üblichen Arbeitszeiten des Unternehmens stattfinden und die Führungskräfte können mit einer Erreichbarkeit ihrer Mitarbeitenden zwischen 10:00 Uhr und 16:30 Uhr rechnen. Mitarbeitende können sich in begründeten Fällen beim Vorgesetzten abmelden und eine neue Erreichbarkeit melden. Neben einem Schulungsprogramm für Führungskräfte, das bei der Einführung der offiziellen Home Office-Regelungen durchgeführt wurde, gibt es ein Mal pro Quartal einen Leadership Circle, bei dem es unter anderem darum geht, die Führungskultur weiterzuentwickeln. Außerdem muss jede Führungskraft mit jedem seiner Mitarbeitenden einmal im Monat ein Einzelgespräch führen. Es werden dabei nicht nur fachliche Themen besprochen, sondern auch überfachliche wie z. B. ein Erfahrungsaustausch über das Arbeiten von zuhause aus. Diese vertrauensbildende Maßnahme ist elementar für ein gut funktionierendes Home Office-Konzept.

Die Einführung des Home Office-Konzeptes wurde über mehrere Jahre aus dem Managementkreis heraus ohne externe Unterstützung vorangetrieben. Man konnte sehr positive Erfahrungen sammeln und Compart ist überzeugt davon, dass die Entwicklung auch zukünftig vorangetrieben wird.

Laut Aussage des CEO Harald Grumser kann es sich weder Compart, noch die deutsche Wirtschaft an sich leisten, dass Mitarbeitende durch das immer stärkere Verkehrsaufkommen mehrere Stunden für den Arbeitsweg aufbringen müssen. Eines der Konzepte, um dem entgegen zu wirken, ist die Nutzung von Home Office-Arbeitsplätzen. Gerade in der heutigen Zeit, in der das Thema Work-Life-Balance eine enorme Wichtigkeit hat, müssen sich Unternehmen durch Flexibilität auszeichnen, um im Wettbewerb um Talente gut ausgebildete Fachkräfte zu bekommen. Zufriedenheit mit den Arbeitsbedingungen hängt auch mit der Motivation der Belegschaft zusammen. Nicht zu vergessen ist jedoch, dass der Arbeitsplatz ein wichtiges soziales Umfeld darstellt und es nötig ist, den persönlichen Kontakt der Mitarbeitenden untereinander zu erhalten und zu fördern.

7.2   Praxisbeispiel Landesbehörde

Nicht nur Unternehmen aus der freien Wirtschaft beschäftigen sich mit dem Thema Home Office, auch für Behörden spielt die Arbeit von zuhause aus eine zunehmend bedeutende Rolle. Stellvertretend für viele Behörden, die bereits innovative Lösungen zur Telearbeit gefunden haben, wird hier die Vorgehensweise einer großen Landesbehörde mit vielen Außenstellen bei der Einführung von Home Office-Arbeitsplätzen näher betrachtet.

Die Pilotphase wurde 2014 mit zunächst 100 Arbeitsplätzen begonnen. Dies entspricht unter 1 % der Beschäftigten. Ziel der Einführung von Home Office-Arbeitsplätzen war eine bessere Vereinbarkeit von Familie und Beruf. Außerdem wollte man „die Arbeit zu den Menschen bringen". Sollten z. B. bei Versetzungen längere Arbeitswege entstehen, müssten die Versetzten nicht unbedingt umziehen bzw. könnten die Anzahl der zu fahrenden Tage reduzieren. Mittlerweile gibt es über 1.000 Telearbeitende in der Behörde, die Tendenz ist steigend. Um am Telearbeitsprogramm teilnehmen zu können, müssen verschiedene Voraussetzungen erfüllt werden. Diese sind im Einzelnen:

1. mindestens 50 % Beschäftigungsumfang
2. der Beschäftigungsanteil in Telearbeit beträgt mindestens 20 % der Gesamtarbeitszeit
3. Anwesenheit an mindestens einem Tag pro Woche im jeweiligen Aufgabenbereich
4. gute IT-Kenntnisse, die ein selbstständiges Arbeiten mit der jeweils eingesetzten Soft- und Hardware erlauben
5. selbstständiges, zuverlässiges, verantwortungsbewusstes und eigenverantwortliches Arbeiten
6. Bereitschaft, hinsichtlich der Abstimmung von Arbeitsaufträgen, Arbeitszeit und Arbeitsort auf die Erfordernisse der Dienststelle und der Kolleginnen und Kollegen möglichst flexibel zu reagieren
7. Bereitschaft zum Abschluss von Zielvereinbarungen

8. Bereitschaft, den Arbeitsplatz bzw. das Dienstzimmer im Amt mit einem anderen Beschäftigten zu teilen
9. eigenes häusliches Arbeitszimmer oder Arbeitsbereich (muss den Anforderungen der Arbeitssicherheits- und Arbeitsschutzbestimmungen entsprechen)
10. Einhaltung des Datenschutzes nach Landesarbeitsschutzgesetz

Mitarbeitende, die an diesem Programm teilnehmen möchten, müssen einen Antrag stellen. Die jeweilige Führungskraft entscheidet dann, ob die Kriterien erfüllt sind. Sollten keine freien Telearbeitsplätze zur Verfügung stehen, werden Sozialkriterien für die Auswahl der Mitarbeitenden herangezogen (Schwerbehinderung, zu betreuende Kinder, zu pflegende Verwandte, Wegstrecke etc.).

Arbeitszeit und Arbeitsumfang am Telearbeitsplatz entsprechen den am Behördenstandort üblichen Bedingungen. Der Arbeitszeitrahmen ist von morgens 6:00 Uhr bis abends 20:00 Uhr festgelegt. Selbstverständlich sind die gesetzlichen Arbeits- und Pausenzeiten einzuhalten. Die Zeiterfassung erfolgt über ein elektronisches, vom Telearbeitenden auszufüllendes System.

Damit sowohl die Teilnehmenden der Telearbeit wissen, was zu tun ist, und gleichzeitig die Vorgesetzten eine gewisse Kontrolle haben, werden zu Beginn der Telearbeit individuelle Zielvereinbarungen getroffen. Diese werden monatlich besprochen. Die telearbeitenden Beschäftigten verfassen zusätzlich monatliche Berichte, um den Arbeitsaufwand zu dokumentieren.

Großer Wert wird daraufgelegt, dass Mitarbeitende, die nicht am Telearbeitsprogramm teilnehmen, nicht zusätzlich belastet werden. Themen wie Ausbildung, Telefondienst, Ablage oder ähnliche Bereiche dürfen nicht zu einer Mehrbelastung der an den Behördenstandorten arbeitenden Mitarbeitenden führen.

Eine spezielle Vorbereitung der Mitarbeitenden und Führungskräfte, die im Übrigen auch am Telearbeitsprogramm teilnehmen dürfen, gibt es nicht. Die Behörde geht davon aus, dass durch das Auswahlverfahren bereits die richtigen Kriterien herangezogen werden und dadurch von einer gewissen Eigenverantwortung der Mitarbeitenden im Home Office ausgegangen werden kann.

Zusammenfassend hat sich gezeigt, dass Einführung und auch Ausweitung der alternierenden Telearbeit ein Erfolgsmodell sind. Entscheidend ist, dass die Gegebenheiten im jeweiligen Amt entsprechend berücksichtigt werden. Sehr wichtig ist, dass der laufende Betrieb gewährleistet ist, d. h. der übliche Arbeitsablauf darf durch die Abwesenheit der Telearbeitenden nicht gestört werden. Weiterhin sind Faktoren wie Teilzeitquote, Projektbeteiligungen des Amtes usw. zu berücksichtigen.

Eine Ausweitung der Telearbeitsmöglichkeiten ist geplant. Der Genehmigungsprozess soll vereinfacht werden.

Gesund im Home Office

8

8.1 Home Office – Vorteile und Risiken

Immer mehr Unternehmen ermöglichen ihrer Belegschaft die Arbeit im Home Office. Studien belegen, dass aktuell vier von zehn Unternehmen in Deutschland Mitarbeitende beschäftigen, die diese Möglichkeit nutzen (Suhr 2019). Die Tendenz ist steigend (Brandt 2019), nicht zuletzt bedingt durch die fortschreitende Digitalisierung der Arbeitswelt, die ortsunabhängiges Arbeiten wesentlich erleichtert. Auch der Wunsch nach Vereinbarkeit von Beruf und Familie, Fahrzeitersparnis oder mehr Flexibilität werden als Gründe für die Arbeit im Home Office genannt. Gleichzeitig macht das Arbeiten zu Hause die Trennung von Beruf und Privatem oft schwierig. Stress am Arbeitsplatz spielt im europaweiten Vergleich gerade in Deutschland eine große Rolle (Disselhoff 2015). Angesichts steigender Zahlen von Krankheitstagen aufgrund stressbedingter Krankheiten ist es für Unternehmen und Mitarbeitende gleichermaßen wichtig, nicht nur im Unternehmen selbst für ein resilientes und gesundheitserhaltendes Arbeitsumfeld zu sorgen, sondern auch die Arbeit im Home Office möglichst stressarm zu gestalten und verbindliche Absprachen zur Förderung eines gesunden Arbeitsklimas im eigenen Zuhause zu treffen.

8.2 Stress und Arbeit

Digitalisierung, Globalisierung, fortwährende Veränderungen und steigende Anforderungen an den Einzelnen verursachen nicht selten dauerhaft Stress in der modernen Arbeitswelt. Wir sprechen von der sogenannten VUKA-Welt. VUKA ist eine Abkürzung für die folgenden Begriffe:

© Springer Fachmedien Wiesbaden GmbH, ein Teil von Springer Nature 2020
M. Landes et al., *Führung von Mitarbeitenden im Home Office, essentials*,
https://doi.org/10.1007/978-3-658-30053-1_8

V eränderlich
U ngewiss
K omplex
A mbig
(Heller 2018, S. 9)

Anders als noch vor wenigen Jahrzehnten ist unsere Umwelt in ständigem Wandel begriffen, die Zukunft ist ungewiss, technologische Entwicklungen und Neuerungen erfolgen in immer kürzeren Abständen, die Leistungsanforderungen an den Einzelnen/die Einzelne werden immer komplexer, Aussagen und Absprachen im Arbeitskontext können oft nicht mehr eindeutig interpretiert werden, sind von zahlreichen, häufig externen Faktoren abhängig oder verändern sich im Laufe eines Projekts. Die Möglichkeiten scheinen genauso grenzenlos, wie die zu lösenden Probleme und Aufgaben. Diese ständigen Veränderungen haben Auswirkungen auf den Menschen. Umfragen zufolge leiden neun von zehn Beschäftigten in Europa unter Stress; Deutschland rangiert in der Befragung auf den vorderen Plätzen. Stress verursacht langfristig ernst zu nehmende Krankheiten, darunter Nacken- und Rückenschmerzen, Tinnitus oder psychische Krankheiten wie Burnout und Herz-Kreislauf-Erkrankungen (Rigos 2019, S. 23). Neben den schwerwiegenden gesundheitlichen Folgen für die Betroffenen selbst bedeutet Stress auch massive finanzielle Verluste für die Wirtschaft durch krankheitsbedingte Fehltage und Arbeitsausfälle und eine höhere Fluktuationsrate in Unternehmen. Vor diesem Hintergrund ist es besonders sinnvoll, eine möglichst stressarme Arbeitsumgebung zu gestalten. Gerade im Home Office sind dafür ein hohes Maß an Selbstmanagement und vonseiten der Arbeitgeber klare Richtlinien zur Förderung eines menschengerechten Arbeitsumfelds maßgeblich.

8.3   Erfolgsfaktoren für gute Teamarbeit

Die Salutogenese, die der Soziologe Aaron Antonovsky begründete, stellt die Frage, was den Menschen gesund erhält. Antonovsky nennt als wichtigste Faktoren Verstehbarkeit, Machbarkeit und Sinnhaftigkeit. Bezogen auf die Arbeitswelt bedeutet das, dass die Aufgaben, die Mitarbeitende erfüllen, klar verständlich und entsprechend der jeweiligen Fähigkeiten, Fertigkeiten und Ressourcen bewältigbar sind und zudem als sinnvoll im Gesamtzusammenhang erfahren werden (Antonovsky 1987).

Dies deckt sich mit aktuellen Untersuchungen zur erfolgreichen Zusammenarbeit in Teams. Das Unternehmen Google hat in einer firmeninternen Studie fünf Faktoren herausgearbeitet, die in besonders erfolgreichen Teams gegeben sind:

1. Psychologische Sicherheit
2. Zuverlässigkeit
3. Struktur und Klarheit
4. Sinnhaftigkeit der Arbeit
5. Wirksamkeit / Einfluss

Psychologische Sicherheit im Team wird vermittelt durch eine gesunde Fehlerkultur und gemeinsame Werte im Unternehmen, die alle Beteiligten annehmen und teilen können. Niederlagen oder Fehler werden reflektiert, es wird konstruktiv nach Lösungen statt nach einem Schuldigen gesucht. Die Teammitglieder können sich untereinander und den Führungskräften vertrauen und müssen bei Fehlern oder ungewöhnlichen Vorschlägen keine negativen Reaktionen befürchten. Zudem können sich in hoch performativen Teams alle aufeinander verlassen und wissen, dass verteilte Aufgaben gewissenhaft und termingerecht erledigt werden. Die Ziele für das Team werden klar kommuniziert, die Aufgaben- und Rollenverteilung ist jedem Teammitglied bewusst. Leistungsstarke Teams haben das Gefühl, dass ihre Arbeit sinnvoll und im Gesamtgefüge von Nutzen ist und sich positiv auf die Unternehmensziele auswirkt (Rozovsky 2015).

Auch Mitarbeitende im Home Office sind Teil eines Teams. Um die genannten Faktoren bei der Arbeit zu Hause zu gewährleisten und Teammitglieder, die von zu Hause aus arbeiten, in das Team zu integrieren, sind vor allem die Führungskräfte gefragt.

8.4   Die Rolle der Führungskraft im Home Office

Viele Führungskräfte haben nach wie vor Sorge, dass Mitarbeitende im Home Office weniger produktiv sind als bei der Arbeit im Büro. Angestellte arbeiten jedoch im eigenen Zuhause eher zu viel, da Ablenkungen weitgehend fehlen und häufig niemand korrigierend auf die Arbeitszeiten einwirkt. Eine Studie der Stanford Universität aus dem Jahr 2015 bestätigt eine höhere Produktivität von Mitarbeitenden im Home Office (Bloom 2015). Was können Führungskräfte tun, um produktive Arbeit in einem gesunden Maß im Home Office zu gewährleisten?

1. Umfeld
   Von Unternehmensseite müssen die technischen Voraussetzungen für die
   Arbeit im Home Office geschaffen werden. Neben notwendiger Hard- und
   Software empfiehlt sich ein Gespräch anhand einer Checkliste, mit der die
   Arbeitsbedingungen vor Ort besprochen werden:
   – Gibt es einen Ort, an dem ungestört gearbeitet werden kann?
   – Ist dieser Ort so ausgestattet, dass die Gesundheit des Mitarbeitenden
     erhalten bleibt? Gibt es z. B. ergonomische Möbel und eine geeignete
     Beleuchtung?
   – Ist der PC-Arbeitsplatz richtig eingerichtet?
   – Was kann das Unternehmen konkret zu einer gesundheitsfördernden
     Gestaltung des Arbeitsplatzes zu Hause beitragen?
2. Verbindliche Regelungen für Arbeitszeiten
   Um Stress und Überarbeitung zu vermeiden, müssen klare Absprachen bezüg-
   lich der Arbeitszeiten im Home Office getroffen werden:
   – Gibt es Kernarbeitszeiten, in denen Mitarbeitende auch zu Hause erreich-
     bar sein müssen?
   – Wie lauten die gesetzlichen Vorgaben?
   – Welche Pausenzeiten müssen eingehalten werden?
   – Gibt es feste Termine, zu denen alle Teammitglieder im Unternehmen vor
     Ort sein müssen?
   Sicherheit für die Einhaltung der Absprachen für beide Seiten geben Systeme,
   die durch Einloggen auf dem Firmenserver die Arbeitszeiten festhalten.
   Gleichzeitig dürfen derartige Instrumente nicht zur permanenten Kontrolle
   missbraucht werden. Aufgabe der Führungskraft ist es, in regelmäßigen
   Abständen in Mitarbeitergesprächen zu erfragen, wie die Arbeit im Home
   Office funktioniert und dabei zu helfen, mögliche Stressoren zu verringern
   oder auszuräumen. Dazu gehört auch, dass die Führungskraft Anrufe oder
   Mails an die Mitarbeitenden im Home Office nur während der Arbeitszeiten
   tätigt und abgesprochene Vereinbarungen selbst einhält.
3. Kommunikation
   Kommunikation ist die zentrale Aufgabe einer Führungskraft mit Teammitgliedern im Home Office. Sie muss relevante Informationen zeitnah und
   regelmäßig auch an die aushäusigen Mitarbeitenden übermitteln, darauf
   achten, dass Mitarbeitende zu Hause nicht den Anschluss verlieren und sich
   in regelmäßigen Feedbackgesprächen per Telefon, Mail oder über audio-
   visuelle Kanäle über den Bearbeitungsstand der jeweiligen Aufgaben-
   bereiche informieren. Auch innerhalb des Teams sollte es feste Termine zum

gegenseitigen Austausch und für gemeinsame Absprachen geben. Diese Termine können zu festgelegten, für alle verbindlichen Zeiten im Unternehmen stattfinden, oder auch per Video- oder Telefonkonferenz abgehalten werden. Dabei geht es nicht nur um einen reibungslosen Kommunikationsfluss, sondern auch darum, eine Isolation von Mitarbeitenden im Home Office zu vermeiden und für genügend Austausch im Team zu sorgen. Auch Teammitglieder außerhalb des Unternehmensstandorts müssen in wichtige Entscheidungen eingebunden werden. Besonders bezogen auf die oben genannten Merkmale hochperformativer Teams spielt die Führungskraft gerade im Home Office eine zentrale Rolle. Ziele, Aufgaben, Rollen und Termine müssen klar kommuniziert und immer wieder aktualisiert werden. Die von zu Hause aus arbeitende Belegschaft muss über die Ergebnisse ihrer Arbeit informiert werden und sich auch außerhalb des Unternehmens auf die Zuverlässigkeit der Kollegen verlassen können.

4. Schulungen

Arbeiten im Home Office erfordert ein hohes Maß an Selbstdisziplin, aber auch ein gutes Gespür für die eigenen Grenzen. Unternehmen sollten Sorge dafür tragen, ihre Belegschaft entsprechend zu schulen. Sinnvoll sind in diesem Zusammenhang etwa Fortbildungen zu den Themen Selbstmanagement, Stress-/Zeitmanagement und im Bereich der betrieblichen Gesundheitsförderung. Für Führungskräfte bieten sich zudem Schulungen zum erfolgreichen Umgang mit Mitarbeitenden im Home Office an.

Dass Home Office funktionieren kann, zeigen Erfahrungen erfolgreicher Unternehmen, die ihren Mitarbeitenden Home Office bereits seit vielen Jahren anbieten. Das Unternehmen Microsoft z.B. hat klare Regelungen für Mitarbeitende und für Arbeitgeber veröffentlicht (Microsoft 2012). Darin spielen die Fürsorgepflicht der Führungskräfte und deren Vertrauen in die Mitarbeitenden, Kommunikation, klare Ziele und eine offene Unternehmenskultur eine maßgebliche Rolle.

Auf der anderen Seite zeigen aktuelle Studien, dass sich Mitarbeitende im Home Office viel häufiger erschöpft fühlen als ihre Kollegen im Büro. Zudem nennen sie verstärkt Stresssymptome wie Wut, Nervosität oder Reizbarkeit (Ludwig und Roßbach 2019). Diesen Entwicklungen müssen Unternehmen im eigenen Interesse durch Regelungen entgegenwirken, um die Gesundheit ihrer Belegschaft zu erhalten. Gerade im Home Office sind Absprachen wichtig, die eine klare Trennung von Arbeit und Privatleben ermöglichen und private Rückzugsräume respektieren.

8.5   Home Office – ein Trend für die Zukunft?

Das Thema Home Office wird in Unternehmen ganz unterschiedlich gehandhabt. Während manche Unternehmen sich Home Office nicht einmal vorstellen können, setzen andere Unternehmen neben Home Office-Angeboten bereits wieder auf verstärkte Präsenz im Unternehmen, indem sie vor Ort Möglichkeiten zum konzentrierten Arbeiten schaffen, etwa durch bedürfnisorientierte Raumlösungen für unterschiedliche Arbeitsphasen oder durch geeignete Angebote für die Vereinbarkeit von Familie und Beruf am Unternehmensstandort. Gleichzeitig gibt es gerade in den jüngeren Generationen Extremformen des ortsunabhängigen Arbeitens wie die sog. digitalen Nomaden, die ihre Arbeit von unterschiedlichsten Orten aus online erledigen. Nicht zuletzt wird die Notwendigkeit flexibler Arbeitsorte durch die fortschreitende Globalisierung und die Nachfrage nach gut ausgebildeten Fachkräften steigen. Ein ortsunabhängiger Arbeitsplatz bietet dem Unternehmen die Möglichkeit, Fachkräfte und Wissensarbeitende aus anderen Standorten zu gewinnen, ohne dass diese zum Beispiel einen Umzug in Kauf nehmen müssen. Untersuchungen zeigen außerdem, dass gerade jüngere Mitarbeitende verstärkt den Wunsch nach Vereinbarkeit von Privat- und Berufsleben haben, wobei Home Office als Arbeitsform eine zentrale Rolle spielt. Im Zuge des Fachkräftemangels werden die Bedürfnisse dieser Generationen immer stärker berücksichtigt werden müssen, um Arbeitsplätze attraktiv zu machen und Mitarbeitende langfristig an Unternehmen zu binden. Als Digital Natives sind jüngere Mitarbeitende zudem mit den technischen Möglichkeiten einer digitalisierten Welt vertraut und möchten diese auch im beruflichen Kontext ausschöpfen, etwa durch ein ortsunabhängiges, papierloses Büro.

In Zukunft werden Unternehmen verstärkt die Aufgabe haben, diesen Entwicklungen Rechnung zu tragen und Verantwortung für ihre Mitarbeitenden durch die Bereitstellung angemessener Rahmenbedingungen für zeitgemäße Arbeitsformen zu übernehmen. Meist bringen diese Arbeitsformen die Notwendigkeit von Veränderungen in Unternehmenskultur und Unternehmensstrukturen mit sich. Gemeinsame Werte, Normen und Haltungen, die ein gesundheitserhaltendes Arbeitsumfeld unterstützen und modernen Lebensformen entsprechen, sind für Unternehmen und Mitarbeitende gleichermaßen von Nutzen.

Was Sie aus diesem *essential* mitnehmen können

- Hintergründe und Informationen zu den Anforderungen künftiger Generationen von Mitarbeitenden an einen Arbeitsplatz
- Wissen über Rolle und Aufgaben von Führungskräften mit Mitarbeitenden im Home Office und über das Führen von dezentralen Teams
- Vor- und Nachteile von Home Office-Arbeitsplätzen aus psychologischer und ökonomischer Perspektive
- Geeignete Maßnahmen für eine gerechte und motivierende Führung von Mitarbeitenden im Home Office
- Informationen zur Leistungsmessung von Mitarbeitenden im Home Office
- Checklisten zur Vorbereitung und Qualifizierung von Mitarbeitenden für einen Heimarbeitsplatz
- Checklisten zur Einrichtung und Organisation von Home Office-Arbeitsplätzen
- Best Practice-Beispiele
- Rahmenbedingungen zur Erhaltung der Gesundheit von Mitarbeitenden im Home Office
- Geeignete Maßnahmen für erfolgreiche Teamarbeit in zeitgemäßen Arbeitsmodellen

© Springer Fachmedien Wiesbaden GmbH, ein Teil von Springer Nature 2020
M. Landes et al., *Führung von Mitarbeitenden im Home Office*, essentials,
https://doi.org/10.1007/978-3-658-30053-1

Literatur

Adams, J. S. (1965). Inequity in social exchange. In L. Berkowitz (Hrsg.), *Advances in experimental social psychology* (Bd. 2, S. 267–299). New York: Academic.

Allen, T. (1984). *Managing the flow of technology: Technology transfer and the dissemination of technological information within the R&D organization.* Cambridge: MIT Press.

Allen, T., & Henn, G. (2006). *The organization and architecture of innovation. Managing the flow of technology.* London: Taylor & Francis Arnold.

Antonovsky, A. (1987). *Unraveling the mystery of health: How people manage stress and stay well.* San Francisco: Jossey-Bass.

Arnold, D., Steffes, S., & Wolter, S. (2015). *Mobiles und entgrenztes Arbeiten: Aktuelle Ergebnisse einer Betriebs- und Beschäftigtenbefragung.* Berlin: Bundesministerium für Arbeit und Soziales.

Bass, B. M. (1965). *Organizational psychology.* Boston: Allyn and Bacon.

Bessing, N., Gärtner, M., Huesmann, M., Köhnen, M., Schiederig, K., Schlez, J., & Spee, M. (2016). *Flexibles Arbeiten in Führung. Ein Leitfaden für die Praxis.* EAF Berlin. Diversity in Leadership, Hochschule für Wirtschaft und Recht Berlin.

Bierhoff, H., & van Dick, R. (2014). Deprivation, relative. In M. A. Wirtz (Hrsg.), *Lexikon der Psychologie* (18. Aufl., S. 366). Bern: Huber.

Bies, R. J., & Moag, J. F. (1986). Interactional justice: Communication criteria of fairness. In R. J. Lewicki, B. H. Sheppard, & M. H. Bazerman (Hrsg.), *Research on negotiation in organizations* (S. 43–55). Greenwich: JAI Press.

Bloom, N., Liang, J., Roberts, J., & Zhichun, J. Y. (2015). Does working from home work? Evidence from a Chinese experiment. *The Quarterly Journal of Economics, 130*(1), 165–218.

Bowling, N. A. (2007). Is the job satisfaction – Job performance relationship spurious? A metaanalytic examination. *Journal of Vocational Behavio, 71,* 167–185.

Brandt, M. Home Office in Deutschland. https://de.statista.com/infografik/9161/verbreitung-von-home-office-in-deutschland/. (Stand: 05.09.2019).

Breisig, T. (2003). *Entgelt nach Leistung und Erfolg. Grundlagen moderner Entlohnungssysteme.* Frankfurt a. M.: Bund.

© Springer Fachmedien Wiesbaden GmbH, ein Teil von Springer Nature 2020
M. Landes et al., *Führung von Mitarbeitenden im Home Office, essentials,*
https://doi.org/10.1007/978-3-658-30053-1

Brenke, K. (2016). Home Office: Möglichkeiten werden bei weitem nicht ausgeschöpft. DIW Wochenbericht Nr. 5/2016, Seite 103. https://www.diw.de/documents/publikationen/73/diw_01.c.526038.de/16-5-1.pdf. (Stand: 30.12.2019).

Bröckermann, R. (2009). *Personalwirtschaft* (5. Aufl.). Stuttgart: Schäffer Poeschel.

Brockner, J., & Wiesenfeld, B. M. (1996). An integrative framework for explaining reactions to decisions: Interactive effects to outcome and procedures. *Psychological Bulletin, 120*(2), 189–208.

Burfeind, S. (2019). Erst das Vergnügen, dann die Arbeit. https://www.brandeins.de/magazine/brand-eins-wirtschaftsmagazin/2018/personal/generation-z-erst-das-vergnuegen-dann-die-arbeit. (Stand: 08.10.2019).

Butler, E. S., Aasheim, C., & Williams, S. (2007). Does telecommuting improve productivity? *Communications of the ACM, 50*(4), 101–103.

Colquitt, J. A. (2001). On the dimensionality of organizational justice: A construct validation of a measure. *Journal of Applied Psychology, 6*(3), 386–400.

Crosby, F. (1976). A model of egoistical relative deprivation. *Psychological Review, 83*, 85–113.

Csikszentmihalyi, M. (2014). *Flow im Beruf. Das Geheimnis des Glücks am Arbeitsplatz.* Stuttgart: Klett Cotta.

Disselhoff, F. (2015). Keiner ist so gestresst wie die Deutschen. https://meedia.de/2015/10/28/europaweite-job-studie-behauptet-kaum-einer-ist-so-gestresst-wie-die-deutschen/. (Stand: 05.09.2019).

Düwell, M., Hübenthal, C., & Werner, M. H. (2002). *Handbuch Ethik.* Stuttgart: J.B. Metzler.

Falk, A., & Ichino, A. (2003). *Clean evidence on peer pressure.* Discussion Paper No. 732. IZA. Bonn.

Felfe, J., & Six, B. (2006). Die Relation von Arbeitszufriedenheit und Commitment. In L. Fischer (Hrsg.), *Arbeitszufriedenheit – Konzepte und empirische Befunde* (S. 37–60). Göttingen: Hogrefe.

Fladerer, M. (2016). Gerechtigkeit. In D. Frey (Hrsg.), *Psychologie der Werte* (S. 79–93). Heidelberg: Springer.

Grunau, P., Ruf, K., Steffes, S., & Wolter, S. (2019). Mobile Arbeitsformen aus Sicht von Betrieben und Beschäftigten: Homeoffice bietet Vorteile, hat aber auch Tücken. IAB-Kurzbericht, 11/2019, Nürnberg.

Gutenberg, E. (1951). *Grundlagen der Betriebswirtschaftslehre, Band 1: Die Produktion.* Heidelberg: Springer.

Heller, J. (2018). *Resilienz für Unternehmen.* Offenbach: Gabal.

Hohenberger, C., & Spörrle, M. (2013). Motivation und motivationsnahe Phänomene im Kontext wirtschaftlichen Handelns. In M. Landes & E. Steiner (Hrsg.), *Psychologie der Wirtschaft* (S. 103–121). Wiesbaden: Springer.

Hunert, C., Landes, M., & Steiner, E. (2012). *Akquisition von Dienstleistungen. Angewandte Psychologie für die berufliche Praxis.* Heidelberg: Springer Gabler.

International, Signium. (Hrsg.). (2013). *Generation Y. Das Selbstverständnis der Manager von morgen.* Düsseldorf: Eigenverlag.

Kahneman, D. (2011). *Thinking, fast and slow.* London: Penguin.

Kals, E. (2006). *Arbeits- und Organisationspsychologie: Workbook.* Weinheim: Beltz.

Kießling-Sonntag, J. (2000). *Handbuch Mitarbeitergespräche.* Berlin: Cornelsen.

Kreikebaum, H. (2004). Gerechtigkeit und Fairness. In G. Schreyögg & A.v. Werder (Hrsg.), *Handwörterbuch Unternehmensführung und Organisation* (4. Aufl., S. 347–353). Stuttgart: Schäffer Poeschel.

Kruse, P. (2007). https://www.youtube.com/watch?v=YTY8JKHjufY. (Stand: 30.12.2019).

Landes, M., & Laufer, K. (2013). Feedbackprozesse – Psychologische Aspekte und effektive Gestaltung. In M. Landes & E. Steiner (Hrsg.), *Psychologie der Wirtschaft* (S. 681–703). Wiesbaden: Springer.

Landes, M., Steiner, E., & Hornstein, E. v. (2012). Besonderheiten bei der Führung von Führungskräften. In S. Grothe (Hrsg.), *Die Zukunft der Führung* (S. 191–212). Berlin: Springer.

Loy, S. L., Brown, S., & Butler, E. S. (2003). Telecommuting at Kentucky American Water Company. *Journal of the International Academy for Case Studies, 9*(5), 53–60.

Ludwig, K. & Roßbach, H. (2019). Home Office belastet die Gesundheit. https://www.sueddeutsche.de/politik/arbeitsleben-home-office-belastet-die-gesundheit-1.4603986. (Stand: 25.09.2019).

Manz, C., & Sims, H. P. (2001). *The New SuperLeadership. Leading others to lead themselves*. San Francisco: Berrett-Koehler.

Mauritz, S., Heinrich, S., & Barwinske, J. (2015). *Das Ginkgo Prinzip: Hintergründe, Konzepte & Strategien für die Arbeit heute und in der Welt von morgen*. Göttingen: Mauritz und Grewe.

McClelland, D. C. (1953). *The Achievement Motive*. New York: Appleton-Century-Crofts.

Microsoft (Hrsg.). (2012). Wie flexibles Arbeiten zum Erfolg wird – Regeln für Arbeitgeber & Arbeitnehmer. https://download.microsoft.com/download/4/4/5/445A2BB5-81E5-4F9B-8D3D-0D8F6BF0C127/Flexibles_Arbeiten.pdf. (Stand: 10.09.2019).

Muck, P., & Schuler, H. (2004). Beurteilungsgespräch, Zielsetzung und Feedback. In H. Schuler (Hrsg.), *Beurteilung und Förderung beruflicher Leistungen* (2. Aufl., S. 255–290). Göttingen: Hogrefe.

Nerdinger, F. W. (2001). Motivierung. In H. Schuler (Hrsg.), *Lehrbuch der Personalpsychologie* (S. 349–371). Göttingen: Hogrefe.

Nerdinger, F., Blickle, G., & Schaper, N. (2014). *Arbeits- und Organisationspsychologie* (3. Aufl.). Heidelberg: Springer.

Obermeier, B. (2002). Geteiltes Wissen, halbe Macht? https://www.faz.net/aktuell/wirtschaft/karrieresprung-geteiltes-wissen-halbe-macht-172194.html. (Stand: 05.11.2019).

O'Neill, T., Hambley, L., & Bercovich, A. (2014). Prediction of cyberslacking when employees are working away from the office. *Computers in Human Behavior, 34*(May 2014), 291–298.

Pawlik, V. Aus welchen Gründen wollen Sie innerhalb der nächsten zwei Jahre den Arbeitgeber wechseln? https://de.statista.com/statistik/daten/studie/1024579/umfrage/millennials-und-die-generation-z-zu-gruenden-fuer-den-arbeitgeberwechsel/. (Stand: 08.10.2019).

Reinsch, N. L. (1997). Relationships between telecommuting workers and their managers: An exploratory study. *Journal of Business Communication, 34*(4), 343–369.

Remdisch, S. (2005). Managing Virtual Teams: The importance of distance leadership – Führung auf Distanz, Forschungsprojekt Distance Leadership – Universität Lüneburg. http://www2.leuphana.de/distanceleadership/download/dl_praesentation-uni.pdf. (Stand 30.12.2019).

Rigos, A. (2019). Wenn Stress krank macht. *Geo Wissen* Nr. 63. Strategien gegen Burnout. Hamburg. S. 20–31.

Rosenstiel, L. v. (2007). *Grundlagen der Organisationspsychologie* (6. Aufl.). Stuttgart: Schäffer Poeschel.

Rosenstiel, L.v. (2015). *Motivation im Betrieb* (11. Aufl.). Wiesbaden: Springer.

Rozovsky, J. (2019). The five keys to a successful Google team. https://rework.withgoogle.com/blog/five-keys-to-a-successful-google-team/. (Stand: 10.09.2019).

Runciman, W. G. (1966). *Relative deprivation and social justice: A study of attitudes to social inequality in twentieth century England.* London: Pelican.

Ryan, R. M., & Deci, E. L. (2000). Self-Determination Theory and the Facilitation of Intrinsic Motivation, Social Development, and Well-Being. *American Psychologist, 55,* 68–78.

Scholz, C. (2014). *Grundzüge des Personalmanagement* (2. Aufl.). München: Vahlen.

Sinek, S. (2009). *Start with why: How great leaders inspire everyone to take action.* New York: Portfolio.

Six, B., & Kleinbeck, U. (1989). Arbeitsmotivation und Arbeitszufriedenheit. In E. Roth (Hrsg.), *Organisationspsychologie (Enzyklopädie der Psychologie)* (Bd. 3, S. 348–398). Göttingen: Hogrefe.

Spector, P. E. (1997). *Job satisfaction. Application, assessment, cause, and consequences.* Thousand Oaks: Sage.

Steiner, E., & Landes, M. (2014). Kommunikations- und Motivationsfunktion von Anreizsystemen. *Controlling & Management Review, Sonderheft, 2*(2014), 34–41.

Steiner, E., & Landes, M. (2017). *Leistungsorientierte Vergütung: Anreizsysteme wirkungsvoll gestalten.* Freiburg: Haufe.

Stock-Homburg, R. (2010). *Personalmanagement: Theorien – Konzepte – Instrumente* (2. Aufl.). Wiesbaden: Springer.

Suhr, F. (2019). Immer mehr Unternehmen erlauben Home Office. https://de.statista.com/infografik/16711/anteil-der-unternehmen-die-homeoffice-erlauben/. (Stand: 05.09.2019).

Tinypulse (2016). What leaders need to know about remote workers. Surprising differences in workplace happiness & relationships. https://cdn2.hubspot.net/hubfs/443262/TINYpulse_What_Leaders_Need_to_Know_About_Remote_Workers.pdf. (Stand 15.11.2019).

Vroom, V. (1964). *Work and motivation.* New York: John Wiley & Sons.

Weibler, J. (2016). *Personalführung* (3. Aufl.). München: Vahlen.

Weitzel, T., Eckhardt, A., Laumer, S., Maier, C., Stetten, A. v., Weinert, C., & Wirth, J. (2015). *Bewerbungspraxis – Eine empirische Studie mit 7.000 Stellensuchenden und Karriereinteressierten im Internet.* Eschborn: OPUS.

Weitzel, T., Maier, C., Oehlhorn, C., Weinert, C., & Wirth, J. (2019). Employer Branding – Ausgewählte Ergebnisse der Recruiting Trends 2019, Research Report, Otto-Friedrich-Universität Bamberg.

Westfall, R. D. (2004). Does telecommuting really increase productivity? *Communications of the ACM, 47*(8), 93–96.

Wüthrich, H. A., Osmetz, D., & Kaduk, S. (2009). *Musterbrecher – Führung neu leben* (3. Aufl.). Wiesbaden: Gabler.

zukunftsInstitut. (2019). Megatrends. https://www.zukunftsinstitut.de/dossier/megatrends. (Stand: 30.12.2019).

Printed in the United States
By Bookmasters